DE
L'ADMINISTRATION
FINANCIÈRE
DES COMMUNES DE FRANCE.

DE

L'ADMINISTRATION

FINANCIÈRE

DES COMMUNES DE FRANCE,

AVEC QUELQUES APPLICATIONS

A LA VILLE DE BORDEAUX.

> Proxima pecuniæ cura : et cuncta scrutantibus justissimum visum est indè repeti, ubi inopiæ causa erat.
>
> TACITE, *hist.*, *lib.* I.

A BORDEAUX,
DE L'IMPRIMERIE D'ANDRÉ RACLE,
RUE SAINTE-CATHERINE, N°. 74.

1816.

DE L'ADMINISTRATION

FINANCIÈRE

DES COMMUNES DE FRANCE,

AVEC QUELQUES APPLICATIONS

A LA VILLE DE BORDEAUX.

La *propriété* n'est autre chose que la liberté appliquée à ce qui nous appartient ; son principe constitutif est de se régir elle-même.

Soumis à des devoirs et à des charges envers l'état, le *propriétaire*, lorsqu'il les a acquittés, ne doit compte à personne du reste de ses revenus ; nulle administration générale ou particulière, nulle autorité, n'a le droit de le *partager* avec lui. C'est par respect pour cette indépendance, que les lois civiles de presque toute l'Europe laissent aux *mineurs* et même aux hommes flétris par des peines infamantes, la libre disposition du produit de leurs biens.

Or, comment concevoir que ce qu'on n'ose violer à l'égard des individus isolés, ait pu l'être arbitrairement, lorsque leur intérêt commun les réunit en famille? que ce qui est consacré partout et pour les corporations de toute espèce, soit oublié, lorsqu'il s'agit de la plus importante de toutes les associations, celle qui constitue les communes?

En réclamant de toute part l'indépendance de leur *administration financière*, les municipalités de France ne redemandent que ce qui est une conséquence nécessaire de leur institution primitive, c'est-à-dire, de conserver dans leur communauté la faculté qui appartient individuellement à chacun de ses membres.

C'est donc à tort, que dans un ouvrage périodique d'ailleurs estimable, l'auteur, roulant encore par habitude autour des *théories*, comme un de leurs anciens satellites, préconise ces administrations communales, mais comme un *pouvoir intermédiaire*, un *contrepoids à l'administration générale*, un *moyen de la contrarier pour la tenir en mesure* (1).

N'oublions pas que c'est avec de semblables abstractions, qu'on a souvent justifié la méfiance ministérielle, et alarmé l'autorité, en

(1) *Corresp. polit. et adm.*, 1re. partie.

remettant en question le degré d'obéissance qui lui est dû ; et disons d'une manière plus simple et surtout beaucoup plus claire, que le droit laissé à chaque municipalité de s'administrer elle-même, est une conséquence directe et nécessaire de ce que les revenus, soit fonciers, soit contributionnels qui en sont la matière, lui appartiennent exclusivement.

Deux races de nos Rois avoient déjà cessé, et le peuple étoit encore esclave dans toutes les provinces. Troupeaux attachés à la glèbe, les habitants des campagnes réduits à l'usufruit du sol, n'ayant en commun ni charges à payer ni revenus à régir, n'étoient que les *sujets* des sujets immédiats de la monarchie.

Mais dès que la dynastie régnante fut assise sur le trône, amie du peuple et éminemment généreuse, elle voulut que désormais tout Français naquît et vécût *Franc*. Louis VIII marqua le commencement de son règne par l'affranchissement des serfs dans tous ses domaines; Saint-Louis et le fils de Philippe-le-Bel forcèrent leurs grands vassaux à suivre ce mémorable exemple. L'homme, fait libre, devint propriétaire, et un troisième ordre naquit dans l'état pour en être la base et la force.

Dès que les communes furent libres et à leur

propre charge, les seigneurs durent cesser de fournir aux besoins de la famille émancipée. Elle y pourvut par des cotisations individuelles, d'abord volontairement consenties et réparties par les anciens, régies ensuite par des syndics que chaque municipalité fut autorisée à nommer. Une partie de la police locale fut successivement confiée à ces chefs de l'habitation; enfin, les communes devenues de grands corps et représentant l'unité élémentaire dans la division politique du royaume, chacune d'elles fut considérée comme un *individu territorial*, qui, après avoir acquitté sa portion des contributions générales, pouvoit disposer à son gré du reste de ses ressources, et n'en devoit compte qu'à lui-même.

Le droit des communes à l'*administration* de leurs revenus de toute nature, est donc la conséquence nécessaire de la *propriété individuelle* de chaque habitant; car en devenant *collective*, la propriété ne perd rien de son inviolabilité.

Mais de ce que ces nouvelles familles avoient à pourvoir à des besoins croissants avec elles, il falloit nécessairement qu'elles pussent s'assembler pour en délibérer. Tels sont tout à la fois le motif et la justification de ces formes démocratiques, données sans le moindre inconvénient au régime intérieur des municipalités. Simple dans son origine, il laissoit aux corps assemblés la faculté de s'imposer de la manière qui leur paroissoit la moins aggravante : un conseil composé de tous les chefs de maison ou de leurs *représentants nommés par eux*, régloit la dépense, en déterminoit l'application et prononçoit sur les comptes. Le gouvernement n'intervenoit dans ces actes que pour leur donner la force exécutive : il veilloit en outre, comme tuteur, au meilleur emploi de ces contributions spéciales ; mais il n'y participoit jamais comme *copartageant* : il étoit trop juste et trop grand pour commettre un tel *péculat*.

Ainsi se formèrent les *libertés municipales*, don précieux de la race de Saint-Louis, mais dont elles partagèrent enfin le sort désastreux ; tant il est vrai que le malheur des peuples est inséparable de celui de ses rois. Qui ne rappelle en effet cette folle nuit (1), où des législateurs imprudents immolèrent ces formes protectrices à l'*uniformité administrative ?* Et puisqu'on la vouloit *cette uniformité* qui devint

(1) 4 Août 1789.

bientôt celle des tyrans, par quel étrange et double aveuglement, tandis que les députés du Midi abandonnoient avec tant de légéreté des droits indélébiles qui ne leur appartenoient pas, les représentants des provinces moins favorisées n'ont-ils pas réclamé au contraire ces formes antiques éprouvées par cinq siècles d'un succès continu?

Je ne puis trop répéter qu'il s'agit, non d'instituer ou de rétablir un *pouvoir* en faveur des communes, mais seulement de les remettre en possession d'une prérogative inhérente à leur existence; non de créer, à la manière Romaine, une fédération de *cités* municipales, se gouvernant avec indépendance, mais de rendre à des réunions de paisibles et laborieux habitants, l'obscure faculté de prendre sur des revenus personnels quittes envers l'état, de quoi pourvoir à leurs besoins ou augmenter leurs jouissances, sans que le fisc *décime* à son profit ces contributions volontaires.

Ce fut à l'aide de ce régime salutaire, que les communes, à peine affranchies de la glèbe, trouvèrent dans leurs épargnes les moyens de racheter presque tous les profits réels de la féodalité, et, s'élevant rapidement au rang et à la puissance des grands propriétaires du royaume, purent orner leur séjour, doter leurs hospices, et payer sous François Ier. la rançon d'un roi de France.

Semblables à l'humble et patiente fourmi, les communes ont toujours rassemblé des approvisionnements pour les jours de rigueur. Épuisées une seconde fois au commencement du siècle dernier, soixante ans leur avoient suffi pour refaire leur fortune, et fournir aux dilapidateurs de 1793 des richesses presque aussi grandes que leur cupidité.

Et que demandent aujourd'hui ces municipalités victimes nées de toutes les calamités publiques? Entendez, non leurs murmures, car leur douleur est noble et respectueuse, mais leur généreuse prière, pour que des lois protectrices, et surtout confiantes, leur permettent d'économiser une quatrième fois, pour les détresses à venir.

Si le gouvernement, épuisé de nouveau, cessoit de pouvoir armer ses vaisseaux et nourrir ses armées, pourroit-il s'adresser à un clergé sans domaines, à une noblesse sans terre, même au commerce, dont le champ, se rétrécissant chaque jour, est encore partagé par de nombreux et puissants rivaux? Long-temps encore les communes porteront seules le faix de l'état: il convient donc de leur rendre cette forme d'administration, ce degré d'indépendance, qui leur permette d'accumuler de nouveau quelques sommes pour les accidents futurs, quelques réserves pour les mettre derechef aux pieds de leurs rois.

Mais ce but important ne peut être rempli avec les lois actuelles sur les finances municipales. Les divers gouvernements révolutionnaires, si disparates entre eux dans toutes les autres branches de l'administration publique, semblent ne s'être accordés que pour humilier et dépouiller les corps municipaux. Investis d'un immense pouvoir lorsqu'il s'agissoit de rançonner leurs administrés, ils étoient sans moyens pour réparer les pavés et rendre les sources aux fontaines taries; leurs dépenses n'étoient point autorisées, mais prescrites, et leurs recettes privées appliquées à couvrir les dissipations les plus extravagantes. On payoit la route de Lyon avec une portion de l'octroi de Bordeaux; le pain pour la soupe des soldats du Nord, avec les centimes affectés au service des villes du Midi: les caissiers municipaux n'étoient plus que les receveurs du trésor public, et les impôts créés pour des établissements de bienfaisance, alloient acquitter à Paris les saturnales décorées du nom de *fêtes publiques;* et pour que rien ne manquât à l'ignominie de ces temps, la plupart de ces désordres furent revêtus de la forme auguste des lois, par le muet assentiment d'un corps législatif vendu à son maître.

Cependant, par une de ces nombreuses contradictions trop familières à l'esprit humain, il est arrivé à ces codes de pillage de renfermer quelquefois des vues saines, des dispositions savantes, qui, appliquées à des lois plus vertueuses, pourroient améliorer une administration juste et sage.

On peut donc retirer quelque fruit de cette longue prostitution des formes législatives; et c'est pour ne pas le perdre entièrement, qu'après avoir suivi la marche progressive du réglement financier des communes depuis 1790 jusqu'en 1815, j'en ferai connoître les fâcheux effets, en prenant pour exemple la ville de Bordeaux, parce qu'elle offre à elle seule la cumulation de tous les abus et de toutes les exactions.

Telle sera la matière des deux premiers chapitres, où se termineront les observations générales et applicables à toute la France.

Les trois derniers chapitres seront consacrés :

1°. A rechercher les causes des dettes communales de Bordeaux, et les moyens de les faire disparoître ;

2°. A examiner le budget de *recette* de cette ville, dans la vue d'augmenter ses revenus sans aggraver le sort des contribuables ; et successivement celui de ses dépenses, en indiquant ce que je crois convenable pour les répartir plus fructueusement.

J'entre en matière, sans protester ni de mon impartial amour pour le bien, ni de mon attention à ne blesser personne ; c'est à l'ouvrage lui-même à prouver mes intentions.

CHAPITRE PREMIER.

Législation financière des communes, depuis 1790 jusqu'en 1815.

Les députés de 1789 venoient d'effacer jusqu'au nom des *provinces*. Sans s'inquiéter si l'histoire de France n'alloit pas devenir inintelligible aux Français eux-mêmes, ils avoient morcelé le royaume en quatre-vingt-trois parties, et donné à chacune d'elles un nouveau nom pris d'une circonstance géologique. Ces dénominations, qui subsistent encore, étrangères à tous les souvenirs historiques, n'ont pas même le foible mérite dont elles étoient susceptibles; empruntées de la topographie, elles n'ont fait qu'y jeter de la confusion (1).

Grâces à l'ancienne division, un petit nom-

(1) Le *Var* limite deux de nos départements; le *Rhône* en limite dix autres; celui de *la Gironde* renferme presque autant de landes que le département qui porte ce nom.

bre d'hommes suffisoit à l'administration du royaume ; trente-trois commissaires départis et cent cinquante subdélégués en régissoient toute l'étendue. En exigeant le triple de ces agents, la nouvelle distribution du territoire conduisoit nécessairement à tripler aussi les dépenses administratives : les constituants avoient donc manqué, dès leur début, au plus précis de leur mandat, celui de réclamer la plus grande économie dans le gouvernement général.

Ce premier coup impunément porté, le torrent des innovations ne trouva plus d'obstacles. Entraînée par ses propres rêves, l'assemblée constituante voulut que le peuple devînt son propre régisseur et son intendant *de police et de finances*. Une *administration représentative* fut créée, et le premier effet de ce système fut de remplacer environ deux cents agents du Roi, par quatre-vingt-trois directoires de département et quatre fois autant de directoires de district, les uns et les autres aidés de conseils généraux, toujours salariés pendant leurs longues sessions. On singea les pays d'état; mais leurs soins étoient gratuits, et dix millions de traitement suffirent à peine pour satisfaire les huit mille administrateurs du nouveau régime.

Ici commence la spoliation des communes. La loi financière de 1791 (1) autorisa les *départements* et les *districts* à s'imposer les centimes nécessaires à leurs dépenses administratives. Mais les dépenses de ces corps n'étoient pas taxativement fixées par l'autorité supérieure; c'étoit donc livrer à leurs dilapidations les municipalités comprimées par leur pouvoir immédiat.

Ainsi les concussions départementales remplacèrent les abus ministériels qu'on avoit voulu réprimer. Quant aux charges locales de ces communes si *libéralement taxées*, la loi voulut bien, sur leurs propres dépouilles, leur faire une mince part de cinq centimes à prendre sur le principal des contributions foncière, mobiliaire et personnelle. C'est à peu de chose près le partage du lion.

L'on vit donc tout à coup la France ravagée par une horde d'administrateurs à gages, simultanément vendeurs et acheteurs des domaines hypothéqués aux assignats. Leur fortune scandaleusement grossie restera consignée au livre des confiscations nationales, pour l'ins-

---

(1) Loi du 1er. Décembre 1790.

truction des peuples qui seroient tentés de changer leur régime.

Ce mode *libéral*, mais pour les gouvernants eux seuls, duroit encore en 1792 (1), lorsque les communes, qui n'étoient qu'épuisées, devinrent tout à coup la proie de la plus scandaleuse dilapidation.

C'est en séparant le peuple de son roi, que les séditieux parviennent à asservir l'un et l'autre. Dès que la prérogative royale fut réduite à se défendre elle-même, le peuple, privé de son appui naturel, resta sous la puissance de ces administrations ambitieuses, qu'un ministère sans force cessa bientôt de pouvoir contenir. Despotes par inexpérience, comme tous les nouveaux pouvoirs, elles irritèrent et leurs opprimés et ceux de leurs partisans qu'elles n'avoient pu enrichir; et victimes à leur tour de la révolution qui les avoit institués, la plupart des membres de ces compagnies recueillirent le fruit de leur éducation politique : l'exil dispersa ceux que la mort ne put atteindre; l'assemblée constituante elle-même, usée par ses propres fautes, fut obligée de se disssoudre; celle qui lui succéda, sans talents

---

(1) Loi du 10 Août 1791.

et sans courage, ne parut que pour enfanter la convention de 1792; enfin, la république, escortée de toutes ses fureurs, amena la chute du trône, et, pour première expiation de l'assassinat d'un roi, la condamnation des coupàbles par leurs complices, et l'organisation publique et impunie du meurtre des citoyens par leurs concitoyens.

C'est du milieu de ces horreurs que les nouveaux maîtres de la France, cherchant autour d'eux ce qui leur restoit à dévorer, fixèrent leurs regards sur les immeubles des communes. Une loi de 1791 (1) avoit obligé les municipalités endettées à vendre leurs biens jusqu'à la concurrence de leur *passif*. Cette mesure, susceptible de quelque critique, ne s'annonçoit pas du moins avec le caractère de la spoliation : mais en 1793, le vol étant de droit public, les domaines des communes furent déclarés *nationaux* (2). L'administration de l'enregistrement fut chargée de les vendre jusqu'à concurrence *du montant de leurs dettes:* l'état payoit alors en assignats. Ainsi, par une seule opération de finance, l'administration

(1) 10 Août.

(2) Loi du 26 Août 1793.

paternelle de la convention nationale dépouilla les communes, et rançonna leurs créanciers.

Bientôt après, le trésor public attira à lui ces centimes indéfinis destinés aux dépenses *administratives* des départemens et des districts (1); le gouvernement devint leur *économe,* et justifia ce titre par la plus sévère épargne dans ses distributions. Ainsi, la pompe aspirante du trésor public absorbant toutes les contributions, ne laissa aux communes que les cinq centimes de leur attribution primitive: ce régime continua jusqu'à l'an 5.

Mais ces gouttes d'eau, jusqu'alors échappées à l'inextinguible soif du gouvernement, lui parurent une dotation encore trop somptueuse. Les centimes additionnels à la contribution foncière furent supprimés (2), et les municipalités réduites à vingt-cinq centimes sur les contributions *personnelle* et *mobiliaire;* je dis réduites, et c'est le mot, car que pouvoit produire cette augmentation numérique, s'il n'étoit permis de les appliquer qu'aux deux plus foibles des contributions directes? Observons encore, qu'en affranchis-

(1) Loi du 19 Pluviôse an 2.

(2) Loi du 4 Pluviôse an 5.

sant les terres de toutes les charges municipales, on rejetoit sur les journaliers et sur l'humble ouvrier des campagnes, l'entretien des lieux publics que les habitants des villes traversent et dégradent pour visiter leurs domaines, et jusqu'aux frais d'une police locale qui veille autant sur leurs *fermes* que sur la cabane du pauvre.

Des *non-valeurs*, des *dégrévements* (1), venoient encore annuellement diminuer le principal de ces *infiniment petits* parmi les impôts, et par conséquent la quotité de l'aumône faite aux communes. C'est ainsi que leurs revenus, devenus complètement illusoires (2), leur modeste administration manqua souvent d'un flambeau de résine pour éclairer ses utiles travaux (3).

Cet incroyable dénuement fit rougir enfin le corps législatif de l'an 7; il accorda (4) quinze centimes aux communes qui formoient à elles seules une municipalité, et permit des taxes

(1) Brumaire an 7.

(2) Une commune des environs de Bordeaux a été réduite pendant trois ans à 4 fr. de revenu.

(3) J'ai été le témoin de cette honteuse pénurie.

(4) Loi du 11 Frimaire an 7.

locales là où ce premier secours seroit insuffisant : mais cette lueur de justice et de décence ne dura qu'un instant ; les communes (1), remises au *régime* de 1791, furent réduites de nouveau aux cinq centimes sur toutes les contributions directes ; c'est encore leur dotation actuelle.

La ruine des communes rurales fut consommée sans retour ; mais les grandes villes conservoient encore d'immenses ressources. Le décret suppressif des *taxes locales* les avoit du moins garanties des concussions financières ; la loi du 11 Germinal an 7, en rouvrant cette mine féconde, réveilla la cupidité d'un gouvernement insatiable.

L'occasion étoit belle, et le ministère trop habile pour la laisser échapper. On va voir avec quelle astuce il sut amener les communes à se livrer elles-mêmes, en demandant le rétablissement de leurs taxes indirectes.

Après leur avoir rappelé la détresse des pauvres, *dépouillés*, disoient-ils, *dans des jours d'anarchie*, il insinua l'idée d'*un octroi de bienfaisance* (2), en ajoutant qu'une légère aug-

---

(1) Ventôse an 9.

(2) Voyez les correspondances officielles de ce temps,

mentation au tarif suffiroit en même temps pour refaire les pavés et réparer les routes par des ateliers de charité, qui sont en effet la plus judicieuse des aumônes envers les pauvres valides.

Il n'en falloit pas davantage pour décider les grandes villes à rétablir leurs octrois. L'extinction de leurs dettes, le paiement de leur arriéré, furent pour elles d'autres motifs non moins puissants. Leur méfiance seule les arrêtoit encore : le gouvernement les rassura par la promesse la plus solennelle de ne jamais détourner ces cotisations de famille de leur honorable destination (1).

Encouragées par ces protestations souvent réitérées, les moindres cités suivirent l'exemple des grandes villes, et les *taxes locales* furent généralement consenties et même demandées à l'envi.

Mais la parole des usurpateurs n'est qu'une

---

et surtout les lettres confidentielles des ministres à leurs agents.

(1) « Le gouvernement réitère l'assurance qu'il sera » toujours (le produit des octrois) exclusivement em- » ployé à l'utilité de la commune où il sera perçu, et de » l'avis du conseil municipal ». (*Instruction de M. le Conseiller d'état, du* 5 *Thermidor an* 10, *pag.* 4).

embûche de plus. A peine ces contributions furent-elles délibérées, que sous le prétexte de les régulariser et d'en diriger l'application, les ministres établirent une *direction des octrois*, secrètement chargée de veiller à ce que la moindre parcelle de leur produit ne fût employée sans son aveu (1). Maîtres désormais et des tarifs et des dépenses, ils portèrent sur les uns et sur les autres la plus inquiétante des surveillances; et disposant tout à coup des recettes qu'ils avoient promis de respecter, ils créèrent les *prélévements*, nom technique d'un nouveau genre d'extorsion, expressément imaginé pour attaquer à leur tour les revenus des grandes villes : quelques exemples le feront mieux connoître que des définitions à l'exactitude desquelles on ne croiroit peut-être pas.

Le gouvernement voulut-il accorder aux soldats un pain de qualité supérieure? un premier décret *prit* cinq centimes (2) sur les *taxes locales*; la loi du 24 Avril 1806 doubla ce *prélévement*. Lors de cette première entreprise sur les revenus des communes, on ne daigna même pas consulter leurs conseils.

---

(1) Arrêté du 28 Ventôse an 12.

(2) *Idem* du 24 Frimaire an 11.

Des compagnies de réserve furent créées pour la police et la garde des autorités départementales ; un autre motif de cette institution fut de former une pépinière de *sous-officiers* pour la ligne. Sous le premier rapport, l'entretien de ces compagnies étoit évidemment une charge départementale, et sous le second, une dette de l'état : les fonds communaux furent encore grevés de cette dépense (1).

Veut-on élever des monuments fastueux à des gloires éphémères ou souillées ? on s'empare du produit des forêts communales, et un décret préparé d'avance, fait savoir enfin que le gouvernement a disposé de ces fonds jusqu'à concurrence de vingt-cinq, cinquante et jusqu'à soixante et quinze pour cent (2).

Pense-t-on à se montrer le restaurateur des temples, et rendre quelque décence à l'exercice du culte ? une subvention établie sur les communes (3) est régulièrement prélevée : mais bientôt après, le gouvernement est forcé d'annoncer que les fonds ont disparu.

---

(1) Décret du 24 Avril an 13.

(2) *Idem* du 22 Mars 1813.

(3) Loi du 15 Septembre 1807.

Les préfets ne peuvent plus soutenir l'éclat de leur dignité. Par la ridicule inconséquence du même décret (1), après avoir réduit leur abonnement pour les dépenses administratives, on augmente leur traitement d'une somme égale à celle qu'on venoit de leur retrancher. Les préfets n'en furent pas mieux dotés; l'unique intention de ce revirement, fut de faire payer aux communes une grande partie des dépenses administratives.

L'hôtel des invalides devoit être nécessairement à la charge du ministère de la guerre; mais ce gouffre d'hommes et d'argent avoit dévoré la dotation de ces vieux soldats : leur entretien fut mis à la charge particulière des communes.

Le gouvernement étoit-il embarrassé des édifices qui ne lui donnoient aucun revenu? sa *magnificence* en faisoit cadeau aux villes, mais à la charge d'approprier et d'entretenir ces ruines pour le casernement des troupes (2), et de leur fournir en outre les lits et les meubles à demeure.

---

(1) 8 Juin 1810.

(2) Loi du 20 Mai 1813.

Les recettes départementales et celles des écoles publiques étoient-elles dissipées par le gouvernement? on les remplaçoit par un prélévement de cinq centimes sur les communes.

Les villes avoient-elles amélioré leurs revenus, sauvé quelques propriétés ou vendu quelque partie de leur domaine pour se créer des ressources? une loi leur ôtoit ce foible reste, pour leur donner en équivalent, des rentes d'une moindre valeur que les revenus enlevés; autre espèce de prélévement non moins odieux que les précédents (1).

Il s'en faut de beaucoup que ce catalogue soit complet; outre les prélévements généraux qui frappoient à la fois toutes les villes, chacune d'elles étoit encore accidentellement rançonnée, suivant les circonstances particulières et locales où elle se trouvoit placée. Mais je crois en avoir dit assez pour faire connoître cette infernale invention; il suffira d'ajouter que la recette des communes à *revenus indirects*, devint la caisse spéciale pour toutes les dissipations à couvrir et toutes les extravagances à commettre, le fonds d'amortissement

(1) Loi du 20 Mars 1813.

des *déficits annuels* qui auroient rongé les exercices suivants.

Tels sont ces prélévements qu'il étoit temps de traduire devant la justice du Roi et celle de l'opinion publique. Le crime irrémissible des auteurs de ce système est d'en avoir tellement embarrassé la finance générale, qu'il a été impossible jusqu'à ce jour de le détruire en entier, sans les plus graves inconvénients.

Mais déjà la bonté royale a fait disparoître la plupart de ces exactions; celles qui restent ne peuvent plus être considérées que comme des sacrifices momentanés.

L'histoire financière des communes se divise donc en trois périodes bien distinctes :

La première, de 1790 à l'an 2, vit commencer et consommer le dépouillement des villes; c'est l'époque de *leur spoliation*. La vente de leurs immeubles et la suppression de leurs taxes indirectes, les réduisirent à des expédients onéreux; les emprunts achevèrent leur ruine.

De l'an 2 à l'an 8, les administrations municipales n'eurent plus que des revenus dérisoires; c'est la période de *leur misère*. Les rues, les places, les édifices communs, se dégradèrent faute d'entretien; les fontaines tarirent, et les employés des administrations municipales, réduits à des traitements factices, ne trouvèrent pas même des hôpitaux pour mourir à couvert.

En l'an 8, les communes virent renaître leurs revenus : mais je viens de dire avec quel art on est parvenu à les en dépouiller méthodiquement. Cette troisième période est celle de *leur oppression.*

En examinant, dans le chapitre suivant, les diverses influences de ces trois époques sur les finances communales, je ferai remarquer comment elles réagirent sur celles de l'état, et les effets qu'elles produisirent.

CHAPITRE II.

Effets de cette législation sur les communes, pendant les trois périodes révolutionnaires.

La détresse des corps municipaux influa sur la morale publique beaucoup plus qu'on ne le pense généralement : humiliés par leur impuissance, ils ne commandèrent plus le respect ; tout se rapetissa avec eux et autour d'eux ; hors d'état d'entretenir une force réelle, et restés sans dignité, ils devinrent les premières victimes de la plus dangereuse des insubordinations, celle qui a sa source dans le mépris des chefs.

On ne peut avoir oublié la haute considération dont les maires des grandes villes jouissoient encore au début de nos troubles. Elle ne provenoit pas uniquement de l'illustration personnelle de ces administrateurs ou de leur rang dans l'état, car la plupart d'entre eux n'étoient que de riches particuliers sans prérogatives; et l'habitude d'attacher des *rubans* aux fonctions municipales, n'existoit point encore. On sait que *cet usage* n'a commencé qu'avec leur servitude.

L'importance des anciens administrateurs provenoit d'immenses revenus appliqués à de grands travaux auxquels leur nom venoit nécessairement se rattacher; de la mission de veiller à la garde des priviléges de la cité; enfin, du droit de nommer aux emplois et de distribuer les bienfaits municipaux, véritable puissance d'autant plus solide, qu'elle est défendue à la fois par ceux qui en ressentent les effets et par ceux qui les sollicitent.

La ville de Bordeaux étoit dans cet heureux état, lorsque les mois caniculaires de 1789 virent commencer la fermentation générale. Le dernier bail de son octroi s'étoit élevé à 925,000 fr.; une salle de spectacle, des domaines, des lods et ventes, des rentes constituées, augmentèrent encore les revenus de cette année, d'environ 160,000 fr.; les pavés étoient en état, les hôpitaux dotés, les secours à domicile répandus avec profusion; et l'intérêt d'une dette contractée pour des établissements majeurs, étoit acquitté avec cette exactitude, ce scrupule honorable qui n'avoit jamais cessé de caractériser l'administration de la ville (1).

§. Ier.

Première époque. — De 1790 à l'an 2.

Dès que les lois nouvelles eurent fait disparoître les redevances domaniales et les taxes sur les consommations, Bordeaux subissant le même sort que les autres villes de France, n'eut plus, pour satisfaire à tant de devoirs et couvrir tant de dépenses, que les cinq centimes additionnels qu'on avoit bien voulu permettre aux communes de s'imposer sur elles-mêmes; et tandis que les besoins croissoient avec l'impuissance de les satisfaire, trois mois suffirent pour convaincre que la lenteur des recouvrements et les non-valeurs des contributions les réduiroient beaucoup au dessous de ce qu'on les avoit estimés.

Les finances de cette grande ville étoient donc dans l'état le plus désespérant, lorsque la loi de 1791, en la forçant d'aliéner une partie de ses domaines pour payer le capital de ses

---

(1) Compte de 1790, rendu par les officiers municipaux, tableau n°. 1er.

dettes, lui fournit, dans l'excédant des ventes, un secours inespéré. Un emprunt ouvert à la fin de 1791 (1), des avances faites par le trésor public (2), des quêtes (3) abondantes en faveur des indigents, élevèrent les recettes de la ville à un million. Ses dépenses furent encore assurées pour un an.

Deux autres emprunts faits en 1792 (4), le reste des sommes dues sur la vente des propriétés communales (5), l'apurement de quelques comptes, enfin, les centimes additionnels de 1792 (6) et des neuf premiers mois de 1793, élevèrent les recettes de ces exercices à six millions.

Mais la ville avoit équipé à ses dépens une compagnie de chasseurs, couvert la Vendée de ses volontaires, et racheté sa tranquillité intérieure en maintenant le prix du pain au dessous de celui des farines. L'ensemble de ces sacrifices absorba presque toute cette énorme

(1) 75,000 fr.

(2) Décret du 17 Août 1791.

(3) Elles s'élevèrent à 67,503 fr.

(4) 2,400,000 fr.

(5) 2,500,000 fr.

(6) 400,000 fr.

rentrée, diminuée encore par la baisse rapide des assignats; le restant suffit à peine à ses hôpitaux encombrés d'étrangers malades. Réduite à payer ses commis avec des valeurs qui ne suffisoient plus à leur subsistance, elle alloit, en gémissant sur les *bienfaits* de la révolution, vendre le reste de ses domaines, lorsque la loi du 24 Août 1793 lui enleva cette dernière ressource.

Dans cette première période, les grandes communes de France, loin de continuer à s'embellir, forcées au contraire de laisser dépérir tous leurs établissements, ajournèrent jusqu'à la réparation des édifices où siégeoit leur administration; loin d'allégir les charges de leurs concitoyens, elles recoururent à leurs aumônes; et l'autorité méprisée des magistrats municipaux, hors d'état de pouvoir contenir une populace ameutée, fut forcée de composer avec elle, d'après le tarif que les séditieux osèrent rédiger eux-mêmes. Les villes de France furent dès-lors *sans police* et *sans finances.*

§. II.

Deuxième période. — De l'an 2 à l'an 8.

Tel étoit l'état de la France, lorsque le gouvernement, dépouillant les hôpitaux à son profit (1), en rejeta l'entretien sur les communes. Des milliers de pauvres mourants vinrent implorer les villes, au même instant où leur approvisionnement devenant chaque jour plus difficile, exigeoit d'immenses achats de grains qu'il falloit renouveler à chaque pillage d'un peuple affamé, à chaque dilapidation par des préposés infidèles. Dans cette crise mémorable, entourés de dangers et abreuvés de dégoûts, les *maires*, à qui il ne restoit que leur courage, eurent de nouveau recours aux *avances* du trésor public, qui leur prêta avec appareil quelques rames d'un papier discrédité dont il exigea l'intérêt.

Il arriva alors aux communes ce qu'on remarquoit en même temps chez les particuliers obérés; l'embarras d'une monnoie dépérissante, produisant momentanément sur ceux

---

(1) Loi du 23 Messidor an 2.

qui en étoient gorgés l'effet de la confiance, elles purent achever leur ruine par des emprunts qu'ils venoient leur offrir. A toutes ces causes d'épuisement, il faut ajouter l'habitude qui s'établit alors de créer pour chaque nature d'affaires publiques, une agence munie de commis salariés. C'est le même régime qui, adopté depuis sous le gouvernement de l'usurpateur, augmenta outre mesure le nombre des ministres, et, couvrant la France de directions générales, d'inspecteurs ambulants de toute espèce et d'agences parasites, fit dévorer l'administration générale par elle-même (1).

Les domaines des communes furent mis aux enchères vers la fin de l'an 3 (2). Ceux de la ville de Bordeaux produisirent au-delà de neuf millions, dont les deux tiers représentant la valeur de ses dettes, devoient rester au trésor public (3); l'excédant revenoit à la caisse municipale. C'est sur cette garantie qu'elle ouvrit un (4) nouvel emprunt, dont le

(1) On comptoit en France, à la fin de 1814, plus de quatre-vingt mille agents salariés sur les fonds de l'état ou par ceux des départements.

(2) Loi du 23 Floréal an 3.

(3) *Idem* du 24 Août 1793.

(4) En Messidor an 3.

produit ajouté à celui des centimes additionnels, éleva les recettes de l'année à 9,200,000 liv. en assignats, qui conservoient encore quelque valeur : mais leur dépréciation subite, et leur remplacement par les *mandats* ou les *promesses de mandats*, firent de cet énorme capital une somme fantastique. Lors de cette dernière catastrophe, la ville de Bordeaux, entièrement dépouillée, ne conserva que ses dettes (1).

La fin de l'an 4 vit porter une nouvelle atteinte aux revenus des villes. Comme ces colonnes isolées, qui désignent aux voyageurs où furent les monuments détruits par les barbares, les *mairies*, dernières traces du pouvoir d'un seul, entretenoient encore le souvenir de la monarchie. Offusqués par ces restes du gouvernement de nos aïeux, les libéraux de l'an 3 (2) substituèrent aux *maires* une administration délibérante, créée à la ressemblance des directoires de département

(1) Si l'on rappelle ce que la ville de Bordeaux possédoit d'immeubles en 1789, on connoîtra à quel prix elle paya la *liberté* sous les comités de surveillance, et l'*égalité* sous la faulx des niveleurs.

(2) Brumaire an 3.

et de district. Paris, Lyon, Bordeaux, Marseille, qui s'étoient rendus redoutables dans toutes les crises de la révolution, furent morcelés en plusieurs *municipalités ;* et pour relier en quelque sorte ces autorités syncopées, on créa un *bureau central,* chargé de coordonner leurs actes analogues et de régir directement toutes les parties de l'administration insusceptibles d'être divisées (1).

La ville de Marseille vit établir jusqu'à douze administrations municipales. Bordeaux moins exagéré n'en demanda que trois. Il est inutile d'ajouter que le nombre des commis et des agents subalternes s'accrut, à très-peu près, dans la même proportion, et que leurs salaires ainsi que l'entretien du *bureau central* augmentèrent encore les charges qui pesoient sur les grandes villes. D'autre part, ces *bureaux* ne cessant de lutter avec les administrations départementales et avec les ministres, contribuèrent pour leur part aux tiraillements qui fatiguèrent à cette époque l'administration générale, et la conduisirent à sa perte.

Les calculs se confondent, l'esprit se perd dans le chaos financier de cette deuxième pé-

(1) La voirie, l'inspection des fontaines, etc.

riode. Il est bien difficile, en effet, d'expliquer comment, pendant ces quatre années, les communes purent résister à ce long désordre. La chute du papier-monnoie les sauva encore une fois du naufrage.

A compter de l'an 5, les municipalités reçurent leurs contributions en numéraire effectif (1). Mais que pouvoient vingt-cinq centimes sur les contributions personnelle et mobiliaire, dont le principal n'auroit pas suffi aux besoins communaux? Les villes payant peu, promettant beaucoup, et créant de nouvelles dettes, se soutinrent jusqu'à l'époque où les biens rendus aux hospices venant allégir leurs charges, et le rétablissement de l'octroi (2) grossir leurs revenus, elles purent espérer un avenir plus favorable.

Les communes acquittèrent en l'an 7 leur service courant; mais c'est tout ce qu'elles purent faire, en portant la plus étroite économie dans toutes les branches de l'administration : le paiement de l'*arriéré* fut indéfiniment ajourné ; ce ver rongeur dévore encore les racines de l'arbre.

---

(1) Loi du 18 Prairial an 5.

(2) *Idem* des 16 Vendémiaire et 20 Ventôse an 7.

§. III.

Troisième période. — *De l'an* 8 *à* 1815.

Usée presque autant que ses auteurs, l'organisation municipale de l'an 3 ne pouvoit longtemps survivre au 18 Brumaire. Le chef des triumvirs, en la refondant sur des bases plus analogues à ses vues, prépara le retour au gouvernement monarchique, dont il se réservoit le faîte; la polygarchie fut supprimée dans tous les degrés de l'administration; les directoires de *département* et de *district* furent remplacés par des *intendants* et des *sous-intendants*, vêtus comme les gens du monde en 1789, mais déguisés à dessein sous un nom Romain, qui pût donner le change aux Brutus modernes.

Les affaires municipales retournèrent aussi sous la direction d'un seul; les mairies furent rétablies: mais le premier consul qui venoit d'éprouver en sa faveur tout ce que peut une cité populeuse, craignit à son tour d'en concentrer l'influence dans les mains d'un maire unique. On eût dit qu'une fatale prescience lui découvroit le sort qui l'attendoit: il est probable, en effet, que sous plusieurs maires, le brillant événement qui rattache le 12 Mars aux fastes de la maison régnante, préparé à Bordeaux avec moins de secret, et conduit avec moins d'ensemble, eût éprouvé beaucoup plus d'obstacles.

Les grandes villes restèrent donc divisées en plusieurs municipalités; ce mélange des deux régimes ne produisit pas d'abord tout le mal dont il renfermoit le germe : les trois administrateurs de Bordeaux, cherchant leur force dans leur union réciproque, marchèrent d'un pas égal vers toutes les améliorations. L'unité d'intention suppléa à celle des pouvoirs; une même caisse recevoit et payoit pour les trois municipalités; les recettes augmentèrent par des taxes mieux combinées, et par une perception mieux entendue; et l'aisance, née de l'ordre, s'entretint par les dépenses elles-mêmes, qui, faites avec plus de discernement, et surveillées avec plus d'attention, eurent des résultats plus durables.

Mais les inconvénients de cette division ne tardèrent pas à ressortir. Les maires se partagèrent les revenus municipaux, non à raison de leurs besoins, mais de leur territoire. Leur contingent, circonscrit par leurs limites, dépendit du nombre et de la fortune de leurs contribuables ; l'administration la mieux dotée refusa souvent des secours à celles dont les rentrées étoient retardées ou réduites ; en un mot, leur indépendance trop marquée, et l'indifférence qui en fut la suite, désunirent leurs finances, leur pouvoir intérieur, et jusqu'à leur police.

Cet ordre de choses manquoit donc à la fois de tout ce qui pouvoit prolonger sa durée ; faute d'un centre commun, les intérêts extérieurs furent mal défendus, et les soins indivisibles généralement négligés ; le bien souffrit de la concurrence même qui s'établit pour le faire, et la mésintelligence des pouvoirs hâta leur asservissement.

Les faiseurs du 18 Brumaire, sentant pour eux-mêmes l'importance d'une police centrale dans chaque ville, avoient créé des *commissaires généraux ;* ils leur servirent à ramener les villes sous la verge immédiate du gouvernement. Le long règne de ces agents a couvert la France de trop d'oppression et de trop d'inquiétudes, pour ne pas les classer parmi les fâcheux résultats de la polygarchie municipale.

Après la *parade* de la capitale, saluant empereur un jeune Corse, l'usurpateur moins craintif sous la pourpre, remit les grandes cités au pouvoir d'un seul maire. Les commissaires généraux de police devinrent dès-lors un intermédiaire inutile entre les maires et les préfets ; mais cette institution n'en fut pas moins conservée. Enfants perdus d'un despotisme croissant, les commissaires généraux pesèrent encore sur les finances des municipalités, chargées sans pudeur de solder elles-mêmes ceux qui les surveilloient.

L'entretien de cet espionnage doit donc être compté comme une des plus fortes concussions du gouvernement impérial sur les grandes communes. Le commissariat général de Bordeaux coûta, en l'an 9, 35,000 fr., outre l'énorme impôt indirect levé sur les académies de jeux, lieux infâmes dont il ne rougissoit pas d'être le proxénète.

Après s'être assuré de l'obéissance des grandes villes, et préparé les moyens de les contenir, le gouvernement s'occupa de régler leur administration intérieure. Un conseil municipal fut chargé de délibérer sur les besoins particuliers et locaux, ainsi que sur les moyens d'y pourvoir par des taxes indirectes, des centimes additionnels aux contributions générales, et même des emprunts, si quelques circonstances forçoient d'y recourir (1).

C'est cette balance entre les besoins et les ressources, qui, sous le nom de *budget*, devint la base des finances communales, et le protocole de leur administration. Ainsi, par une gradation convenable, et à l'image des tutelles privées, le conseil délibéroit en famille sur les charges et les moyens de recette; le maire veilloit sur la rentrée des revenus, en faisoit l'application convenue, et préparoit les améliorations. Administrateur *onéraire*, il étoit à la fois la pensée première et l'*action* de ces petits gouvernements intérieurs, que l'administration générale ne devoit surveiller que pour les aider de sa force, et tout au plus garantir de leurs écarts.

Cette surveillance pouvoit et devoit s'arrêter aux préfets, maires généraux dans leur département par leur institution même; c'étoit à eux à invoquer l'autorité supérieure, dans les cas très-rares où la leur auroit été insuffisante ou méconnue.

Mais, en organisant les administrations municipales, le but principal du gouvernement

(1) Loi du 28 Pluviôse an 8.

fut de connoître à fond toutes les ressources communales, afin d'y mesurer ses rapines. Il falloit donc établir, sous des couleurs spécieuses, une plus longue série de contrôles et de vérifications, pour que les budgets, remontant jusqu'au ministère, pussent l'éclairer d'abord sur les ressources des grandes villes.

Telle est la clef de la législation sur les budgets, le motif réel des nombreuses formalités dont ils furent successivement entravés.

Ces inquisitions commencèrent donc par les communes de 20,000 fr. de revenu et au dessus (1). Leur budget ne put être arrêté que par les *consuls eux-mêmes, et en conseil d'état.*

Mais dès que la fortune des principales villes fut connue, on descendit à celles d'un rang inférieur et jusqu'à 10,000 fr. de recettes présumées (2); enfin, lorsqu'il ne resta plus à fureter que les haillons des communes rurales, leur directeur général (3), c'est-à-dire, *leur père*, ordonna de faire le relevé de leurs minces

---

(1) Arrêté du 4 Thermidor an 10.

(2) Décret du 3 Janvier 1810.

(3) Circulaire du conseiller d'état, directeur général des communes, du 29 Mars 1811.

recettes. Il faut remarquer que cette dernière mesure n'étoit prescrite par aucun décret. On sait que la plupart des directeurs généraux, devenus dictateurs dans les parties d'administration qui leur étoient confiées, se permettoient tout ce qu'ils croyoient convenable à leurs vues : l'usurpateur, plus adroit, laissant agir ces séides de son avarice, se réservoit de les désavouer, s'il le jugeoit convenable à son hypocrisie.

C'est à partir de cette époque, que le relevé général de tous les budgets des communes d'un revenu au dessous de 10,000 fr., fut transmis au ministère, qui sut alors jusqu'où pouvoient s'étendre les *prélèvements* dont nous avons parlé au chapitre précédent.

Cette troisième période peut donc se sous-diviser encore en deux temps bien distincts. Les quatre premières années furent employées à organiser le système de *dépouillement* et à en rechercher la matière ; exécuté durant les huit autres, il réduisit les communes à rançonner leurs habitants par des réquisitions de toute espèce, dernière convulsion d'un gouvernement expirant des blessures mortelles qu'il s'étoit faites lui-même.

§. IV.

Conséquences des deux chapitres précédents.

En esquissant à grands traits la législation des communes, j'ai voulu prouver ce que les bons esprits ont dû apercevoir d'abord, c'est-à-dire, que ces lois, auxiliaires de tous les gouvernements qui se sont succédés, ont pu changer avec eux de formes et de masques; mais que, constantes dans le même esprit, celui d'*oppression*, elles avoient rempli leur tâche et achevé la ruine de la France, avant même que les autres tyrannies en eussent consommé l'avilissement.

Il est indubitable qu'à leur première assemblée, les conseils municipaux jetteront un coup d'œil sur ces lois, qui, devenues innocentes et paternelles dans les mains du maître légitime, renferment encore quelques-uns des vices perfidement glissés dans nos temps désastreux. Nul doute que la bonté du Roi n'accueille les respectueuses observations de ses fidèles communes; leur voix s'élevera comme l'humble prière d'une famille qui verse dans le sein de son chef ses craintes et ses espérances.

1°. Les lois organiques des conseils municipaux réservoient au gouvernement la nomination de leurs membres, dans les villes d'une population de plus de cinq mille individus. Il paroît naturel de rendre aux grandes communes le choix des économes de leur fortune, de ceux qui doivent délibérer sur leurs charges et consentir leurs sacrifices. Dans quelques pays d'état, les chefs de famille étoient appelés sans distinction à voter dans ces assemblées : si les inconvénients attachés à ce régime, peut-être trop populaire, ne permettent pas de le rétablir, on peut du moins en conserver le principe, en laissant aux communes le soin de nommer elles-mêmes leur conseil de tutelle. Cette faculté imprescriptible est la plus précieuse des libertés municipales. Sans indiquer ici les moyens de l'exercer, j'observerai seulement qu'on pourra la rattacher un jour au système général des élections : mais quel que soit le mode qu'on adopte, il doit être sans danger pour la puissance royale.

2°. Les membres des conseils municipaux n'étant que les représentants de la propriété locale, doivent avoir un intérêt notable aux choses sur lesquelles ils sont appelés à voter.

On s'écarte de ce principe, lorsqu'on nomme aux fonctions de ce genre, des hommes à établissements éphémères. Dans les villes où les taxes sur les consommations font la partie principale de leurs revenus, le riche capitaliste peut être admis aux conseils de leurs finances; mais faute de sobriété dans l'usage de cette exception, l'ancien gouvernement les avoit remplis de simples patentés ou de ses agents mobiles, dont le séjour temporaire finissoit avec leurs fonctions. Ces réflexions conduisent à désirer qu'une disposition restrictive fixe la quotité et l'espèce de contribution nécessaires pour entrer aux conseils municipaux, et que les fonctions publiques cessent d'être à elles seules un titre d'éligibilité.

3°. On a vu que les budgets arrêtés par les villes de 10,000 fr. de revenus, étoient soumis à l'arbitraire de l'usurpateur, qui, lésinant sur les allocations pour les dépenses locales qui ne lui profitoient pas, restreignoit aussi les recettes qu'il ne pouvoit atteindre. L'intérêt de l'état est que les communes, plus libres dans la disposition de leurs ressources, profitent de l'aisance et de la bonne volonté de leurs habitants, pour se préparer quelques économies. C'est avec ce régime, que sous nos derniers rois, les villes de France se sont embellies; c'est dans son absence que tout a dépéri au milieu d'elles.

4°. Les grandes dépenses, comme les plus modiques, étoient réglées jusqu'aux centimes. Quelque graves, quelqu'urgents que fussent les besoins, il falloit indiquer d'avance ce qu'il étoit impossible de prévoir. Assimilés aux gens d'affaires des particuliers, et plus asservis encore, les maires ne pouvoient disposer de la moindre somme, sans une autorisation spéciale, qui, ralentie par les mêmes et longs circuits qu'avoient parcourus les demandes, n'arrivoit que lorsque le mal étoit irrémédiable. Un peu plus de pouvoir laissé aux maires, en augmentant leur considération, qui fait presque toute leur force, soulagera le gouvernement de soins minutieux, dont le nombre infini ne peut être embrassé par l'administration générale.

5°. Il est évident que le ministère de l'intérieur, quel que soit le nombre et l'activité de ses employés, n'a jamais pu arrêter et envoyer à temps les projets de recette et de dépense d'environ mille communes. En attendant l'issue de ces longs examens, les caisses municipales, toujours ouvertes pour la recette, restent fermées à leurs créanciers: les lenteurs de ce genre sont déjà un commencement d'injustice, un prélévement sur les sommes dues, un retranchement au salaire acquis du manouvrier. Ces retards sont la cause unique du haut prix dont les communes surpayent la plupart de leurs travaux.

Ces inconvénients, extrêmement préjudiciables aux villes, sans que rien les compense, même au profit de l'administration générale, cesseroient d'eux-mêmes, si la vérification des budgets s'arrêtoit aux préfets. Confidents des intentions ministérielles, et toujours munis d'instructions, ces magistrats n'appelleroient l'autorité suprême que sur les recettes et les dépenses contraires aux vues du gouvernement ou à l'intérêt des villes qui les auroient délibérées.

On a soin, dans les budgets, d'affecter à chaque objet de dépense, une somme spéciale taxativement destinée à l'acquitter. En dirigeant l'emploi des recettes, cette distribution devient, lors de la reddition des comptes, un moyen de vérifier si les fonds accordés ont reçu la destination convenue.

Mais, par un motif que je dirai bientôt, cette disposition, purement indicative, fut transformée en principe impératif. Les derniers ministres impériaux s'opposèrent à ce que les fonds qui, à raison de quelque circonstance imprévue, restoient sans emploi, fussent appliqués à une dépense non écrite, que des événements, également inattendus, rendoient indispensable. On vit ainsi très-souvent, dans la même commune, de fortes sommes entassées à côté de besoins criants auxquels il n'étoit pas permis d'en appliquer la moindre parcelle. Pourquoi, dans ces cas qui se renouvellent souvent, le maire ne seroit-il pas autorisé à disposer des fonds inactifs, en faisant connoître ses motifs lors de la reddition de ses comptes? Il suffiroit qu'il n'eût point excédé le montant de son budget.

7°. Le gouvernement faisoit verser, *à la caisse de service*, les sommes *non employées*, que des travaux suspendus ou renvoyés à des saisons plus propices, laissoient au fond des caisses municipales. Je n'ai pas besoin de dire ce que le rappel de ces fonds coûtoit de sollicitations et de prières réitérées, et comment, de promesses en retards, et de retards en promesses, la restitution étoit long-temps éludée.

8°. Enfin, une chambre fut instituée pour juger des comptables, dont quelques-uns n'étoient pas ceux du trésor public. On fut surpris de voir, parmi les attributions de cette cour, le mandat spécial de prononcer sur les comptes municipaux des grandes communes, et par conséquent sur la responsabilité des maires, leurs ordonnateurs immédiats ; de prendre en considération les usages des villes situées au loin de sa résidence ; de peser, cinq à six ans après les événements, l'influence d'une foule de circonstances passagères, dont le souvenir non moins fugitif avoit également disparu. Des receveurs furent réprimandés et menacés de destitution, pour n'avoir pas payé par douzièmes les prix des travaux qu'un climat rigoureux ne permettoit de commencer que vers le milieu de l'année.

De quelque espèce que soit une gestion, les comptes sont dus d'abord au propriétaire de la chose administrée ; c'est ce qui les fait nommer comptes de *clerc à maître*, c'est-à-dire, rendus au maître lui-même, représenté, dans le cas qui nous occupe, par les conseils municipaux. La tutelle du gouvernement s'exerce alors par les préfets, bien plus propres que les ministres, à ce genre de surveillance, parce qu'ils touchent immédiatement les choses et les hommes à juger. On n'aperçoit donc pas jusqu'ici l'utilité d'une chambre *cartulaire* pour les comptes communaux; s'ils deviennent contentieux, elle n'est pas moins superflue, lorsqu'il existe des cours royales (1).

---

(1) Si la cour des comptes ne juge que les chiffres, elle peut être avantageusement remplacée par les intéressés; en statuant sur les *formes*, elle empiète sur les préfets; si elle prononce sur les changements dans l'emploi des fonds, elle exercé une attribution ministérielle. Dans ces trois cas, la cour des comptes est donc superflue.

CHAPITRE III.

Dettes des grandes communes, et particulièrement de la ville de Bordeaux.

Dès que les villes ne possédèrent plus d'immeubles, les créances sur ces corps, partageant le sort de tous les effets publics, éprouvèrent les mêmes chances. Le caractère distinctif de ces valeurs comparées avec les obligations des particuliers, est de rester au dessous du *pair*, même dans les temps les plus favorables.

Mais si ces créances sont désavantageuses à ceux qui les possèdent, considérées par rapport aux villes et comme *dettes*, elles prennent un aspect moins désastreux. Les corporations, plus difficiles à contraindre que les simples particuliers, ont le temps de refaire leur fortune; et pour peu qu'elle surnage à la tempête, les biens de leurs contribuables redeviennent une hypothèque assurée, une caisse perpétuelle d'amortissement.

Le lecteur ne perdra pas de vue ces idées

préliminaires; elles vont servir au développement de ce chapitre.

J'ai dit plus haut, que l'état s'étoit chargé du *passif* des communes. Les grandes villes, sans dettes, il est vrai, mais aussi sans revenus, furent forcées d'en contracter de nouvelles: ce fut l'inévitable effet de la suppression anarchique des taxes locales. De nouveaux arriérés se formèrent de 1792 à l'an 8. Dans la liquidation qui se fit pour Bordeaux, en vertu d'un décret spécial, on ne tint aucun compte des créances antérieures à l'an 4; le restant, divisé en dix exercices, devoit être totalement remboursé dans dix années.

Mais les dépenses ne cessant de croître dans une progression effrayante, il arriva que ces *attermoiements*, aidés d'autres surcharges, affectant à leur tour les exercices suivants, produisirent un second *arriéré*, qui s'élevoit en 1809 à près de 800,000 fr.

Cependant la ville jouissant de près de 1,600,000 fr. de revenu, seroit vraisemblablement libérée aujourd'hui, si, d'une part, une munificence insidieuse, et de l'autre, peut-être un enthousiasme trop confiant, n'eussent replongé les finances municipales dans des embarras inextricables.

Le chef du gouvernement, passant à Bordeaux en 1808, voulut y laisser une marque de sa *libéralité* ; le terrein du Château-Trompette, donné avec ostentation (1), passa, avec toutes ses dépendances, au pouvoir de la ville, mais sous des conditions qui en firent une vente onéreuse. Le despotisme du maître, et la terreur qui l'entouroit, comprimèrent le petit nombre de sages qui n'avoient pas pris le change sur les intentions du *bienfaiteur*. Le piége resta donc couvert, et la donation fut acceptée, à la grande satisfaction du ministère d'alors.

Le prix de cette concession fut une somme de 4,800,000 fr. ; plus, une rente de 9,165 fr. envers les anciens concessionnaires du Château, qui devinrent dès-lors créanciers de la ville : les autres effets de cette munificence furent : 1°. de laisser à la charge municipale les frais de démolition et de déblaiement, pour lesquels on lui donnoit il est vrai les matériaux. L'expérience a prouvé que ces deux objets ne se compensent même pas ; les parties démolies jusqu'ici ont plus coûté que produit.

2°. L'usurpateur accepta l'offre du palais

---

(1) Décret du 25 Avril 1808.

purifié aujourd'hui par le séjour d'un Fils de France : il falloit donc un hôtel à la préfecture déplacée ; la ville fut chargée de cette dépense évidemment *départementale*, et la paya avec une portion du même terrein qu'on lui avoit si chèrement donné.

3°. Une immense maison s'élève pour recevoir les pauvres valides de *tout le département :* le donateur en fait encore une charge de la ville.

Il en est de même, 4°. de l'hospice des *aliénés*, destiné aux malheureux frappés de démence dans toute l'étendue de la division ; 5°. d'un palais de justice, préparé pour la cour royale, dont le ressort embrasse presque toute la Guienne ; 6°. des bâtiments occupés par la cour d'assises, dont la jurisdiction s'étend sur plus de cinq cents communes ; 7°. de l'église métropolitaine, qui commande à celles de plusieurs diocèses.

Les fonds nécessaires à ces constructions furent empruntés de la caisse d'amortissement, dont l'hypothèque reposoit spécialement sur le terrein même qui avoit été *si libéralement donné*. Le montant de ces prêts sur gage est de 2,400,000 fr., dont la ville n'a appliqué à ses besoins particuliers que 418,000 fr., pour refaire ses pavés, dessécher incomplètement quelques marais au quartier Sainte-Croix, loger un de ses curés, et réparer l'hôtel de la mairie.

Le dernier de ces emprunts remonte à 1812, époque où la caisse d'amortissement, moins riche ou plus avare, cessa ses avances. Cet heureux refus arrêta la ville au penchant de sa ruine. Les autres constructions exigées par le décret du 25 Avril, furent ajournées indéfiniment ; et la sage réserve des administrateurs, mesurant dès-lors les dépenses aux ressources locales, sut, avec les recettes annuelles, fournir convenablement aux besoins les plus pressants d'une ville populeuse.

Je n'examinerai point ici s'il convient à la ville de Bordeaux de garder le terrein du Château-Trompette, surtout pour le prix de 4,800,000 fr. ; mais il est évident que si ce contrat est résilié de concert avec le gouvernement actuel, on ne peut la forcer de rendre les sommes employées aux démolitions ordonnées par les ministres d'alors, et celles qui servirent à payer la maison de mendicité, les réparations luxueuses de l'hospice des aliénés, les travaux du palais de justice et des bâtiments occupés par la cour d'assises. En effet, ces établissements n'ayant point été élevés ou restaurés pour l'exclusive commodité d'une ville unique, il est naturel que les communes qui participent à ces avantages, supportent aussi leur part des sommes qu'ils ont coûtées. Par le retour à cet ordre aussi facile que juste, la ville, en acquittant un contingent proportionné à sa population, cessera enfin de supporter la totalité de ces dépenses.

Si, jalouse au contraire de voir disparoître des boulevards devenus odieux en 1815, la ville de Bordeaux se décidoit à conserver la propriété de leurs ruines, les sommes empruntées pour les établissements dont nous venons de parler, n'en devroient pas moins être retranchées de ses dettes, sauf au gouvernement, dans ce cas inverse, mais par les mêmes motifs, de s'en faire rembourser aux départements et aux communes qui en profitent, et d'après les moyens que nous venons d'indiquer.

Ainsi, dans ces deux hypothèses, les dépenses faites pour les objets d'une utilité générale, doivent rester à la charge du trésor royal.

La ville se trouve encore engagée dans les opérations du gouvernement pour les soupes économiques distribuées en 1812. Cette libéralité devoit se faire à l'aide d'un *fonds commun*, formé des contingents réunis des départements, de toutes les villes en état de supporter cette dépense, enfin du gouvernement lui-même. Il fut décidé qu'on débuteroit par les fonds des communes (1). En leur accordant ainsi la priorité de la bienfaisance, le but réel du gouvernement étoit d'appeler à lui la totalité de cette contribution charitable : il étoit, en effet, beaucoup plus simple, beaucoup plus juste, j'oserai même ajouter beaucoup plus décent, de laisser aux communes le soin de distribuer elles-mêmes leurs secours à leurs propres indigents; et fixant, s'il le falloit, le contingent de cette aumône, en faire faire l'avance par la caisse d'amortissement. Telle étoit la marche que sembloient indiquer toutes les convenances réunies à toutes les précautions; mais le système des *fonds communs* prévalut, et il arriva que les villes concoururent aux dépenses des soupes économiques pour des sommes exorbitantes. Le contingent de Bordeaux fut de 338,662 fr., pour lesquels elle donna des nantissements;

---

(1) Décret du 25 Mars 1812.

c'étoit le quart du produit de son octroi. On sait qu'elle n'a reçu que 80,000 fr. pour cinq mois de distribution : or, quelque emploi qu'ait reçu l'excédant de ses engagements, on ne peut s'en prévaloir sans l'injustice la plus criante ; la dette de la ville ne peut donc, sous ce rapport, excéder la somme qui lui a été réellement prêtée.

Né en 1793, le système des *fonds communs* devint le régime favori de l'usurpateur, qui finit par vouloir y comprendre tous les trônes pour les avilir, et les dépouilles de tous les peuples pour en *doter* ses favoris.

On ne peut trop signaler ce système, tellement fécond dans ses mains, que pendant la courte durée de sa seconde usurpation, il lui servit à rassembler des sommes immenses, sous le prétexte d'équiper une garde nationale mobilisée (1) qu'il appeloit à ses armées. Le contingent de Bordeaux étoit déjà fixé à 213,000 fr. : par son heureuse temporisation, le receveur de la ville parvint à soustraire au tyran cette portion de sa dernière proie.

Liées aux finances municipales, celles des hôpitaux n'ont pu qu'éprouver les mêmes pha-

(1) Décret du 24 Avril 1815.

ses. Les recettes des hospices se composent des revenus d'un petit nombre de propriétés restituées, de secours supplémentaires accordés sur les caisses municipales; enfin, des fonds que le ministre de l'intérieur destine annuellement à l'entretien des enfants abandonnés. Ces établissements ont rarement reçu la somme qui leur étoit promise, et jamais ce qui leur fut rigoureusement nécessaire. L'arriéré dû aux hospices de Bordeaux pour les années qui ont précédé 1816, a été porté au compte de la ville, pour une somme de 328,725 fr.

Le *passif* de Bordeaux se composoit donc, au 1er. Janvier 1816, des dettes suivantes :

Arriéré de l'an 4 à l'an 8....	376,770f
Arriéré postérieur à l'an 8..	100,000
Dettes des hospices, mises à la charge de la ville..	197,235
Sommes dues en exécution du décret du 25 Avril..	418,000
Emprunt pour les soupes économiques.....	80,000
Total.......................	1,172,005f

Il résulte de cette récapitulation, que les dettes de la ville de Bordeaux, réduites à ce qui est incontestable, n'excèdent pas ses revenus d'une année moyenne. Cette position, rassurante pour ses créanciers, doit être pour elle un nouveau motif de presser sa libération, et compenser du moins, par la briéveté des délais à venir, les longs retards antérieurs, commandés sans doute par des circonstances au dessus de son pouvoir, mais qui ont cessé d'être.

Si la fidélité dans les engagements est le devoir de la loyauté, l'extinction des dettes et les mesures pour n'en plus contracter, sont les premières bases d'une administration sage et prévoyante.

Jusqu'ici, la théorie financière des municipalités s'est bornée à augmenter le tarif des taxes locales, pour élever leur produit au niveau des besoins; mais ce mode si dangereux par la facilité d'en abuser, peut conduire beaucoup trop loin : d'autre part, le système des emprunts suppose aux villes un crédit qu'elles ne peuvent recouvrer qu'en payant exactement leurs dettes; quant à la méthode des *arriérés*, elle est à la fois une injustice criante envers le passé, et un emprunt peu honorable sur les temps à venir.

Il est donc plus paternel, et en même temps plus *administratif*, de chercher un fonds d'amortissement dans l'amélioration des ressources existantes et dans le perfectionnement des taxes locales, sans néanmoins en trop surcharger le tarif. Le but du chapitre suivant est de faciliter aux administrateurs municipaux la solution de ce problème.

CHAPITRE IV.

Améliorations des revenus.

Les recettes municipales se composent, 1°. de revenus patrimoniaux; 2°. de centimes additionnels aux contributions directes; 3°. de taxes indirectes; 4°. de droits levés sur diverses branches d'industrie. Je vais, en parcourant successivement ces quatre classes, rechercher les améliorations dont elles sont susceptibles, et, si l'occasion se présente, indiquer les objets analogues qui pourroient présenter de nouvelles ressources.

§. Ier.

Les villes ne possédant presque plus d'immeubles, il seroit superflu de tracer ici les règles économiques qui doivent présider à leur régie; je rappellerai seulement, pour les communes qui ont conservé quelques domaines, l'usage où étoient les anciens corps religieux d'imposer à leurs fermiers, outre le prix du bail et en sus de l'entretien et des réparations locatives, l'obligation annuelle d'une quantité fixée de plantations ou de défrichements. Ainsi, les propriétés rurales croissant de leur propre substance, la progression ascendante des revenus suivoit celle des augmentations ordonnées.

Les revenus domaniaux des villes se réduisent donc, presque partout, à la location des terreins incultes, à celle des *vacants*, et au droit d'étalage ou plaçage sur les lieux publics.

Terreins en location.

Le terrein du Château-Trompette est à Bordeaux une ressource de la première espèce. Quelques parties de cet emplacement sont louées pour bâtir des maisons, enclore des jardins, ou servir d'entrepôt à des pièces de charpente et d'autres marchandises d'un grand encombrement. Le prix des anciennes locations est généralement au dessous de ce qu'elles devroient produire : une révision financière des premières concessions prouveroit peut-être que sans devenir injuste, on pourroit augmenter cette partie assez importante du revenu de la ville.

Étalages et plaçages.

Le droit de plaçage s'exerce sur les débitants de toute espèce, qui étalent dans les lieux publics; un tarif long-temps médité a porté la ferme de cet impôt à 188,000 fr. J'ai à remarquer sur cet article, que l'autorité locale défendit naguère à des juifs d'étaler et de vendre aux enchères, sur la place Royale, divers objets de leur commerce: cette disposition priva tout à coup la ville d'une partie considérable des rétributions de ce genre. Je ne vois aucun inconvénient de police à ce qu'on permette ces sortes d'enchères sur toutes les places de Bordeaux, au lieu de les réduire à des heures fixes et à des lieux peu nombreux.

Grand-Théâtre.

Le bail du Grand-Théâtre fait partie du revenu de la ville. La paix et le commerce repeuplant le port et la cité, pourront amener une augmentation sensible dans le prix de cette location; on pourra surtout retrancher au directeur le privilége d'interdire les petits spectacles, qui sont le délassement du pauvre. Les légères taxes levées sur ces plaisirs prolétaires, serviroient à salarier la police chargée de leur surveillance.

§. II.

Centimes additionnels aux contributions foncière, personnelle et mobiliaire.

Le principal de la contribution foncière de Bordeaux est fixé, pour 1816, à 473,593 fr.; les cinq centimes additionnels accordés sur cet impôt, forment donc une somme de 23,679 fr. Cette recette n'est point réductible par des *non-valeurs*, puisqu'il existe un fonds spécial pour les couvrir.

Les cinq centimes additionnels aux contributions personnelle et mobiliaire, calculés sur un principal de 293,271 fr., auroient grossi les recettes de la ville, de 14,663 fr.: elle perd cette somme entière, en usant de la faculté qui lui a été laissée de remplacer le principal de cet impôt, par des taxes sur l'octroi. Examinons les effets de ce remplacement (1), et voyons si la ville, en laissant cette charge aux individus qui doivent la payer, ne seroit pas beaucoup plus juste envers la généralité de

(1) Loi du 24 Avril 1806.

ses habitants, en même temps qu'elle ajouteroit une assez forte somme à ses revenus.

Le but de cette double contribution est d'atteindre les fortunes mobiliaires : or, la reporter sur l'octroi, c'est faire partager la charge des riches, à ceux dont la pauvreté condamnée au travail, repousse l'idée d'un impôt somptuaire.

On sait encore, qu'à Bordeaux le vin est la matière principale de l'octroi, et la source la plus féconde de ses produits; mais toutes les espèces de cette liqueur paient un droit égal. Il est donc évident que les journaliers, les manœuvres et les indigents, consommant en grande quantité les qualités inférieures, supportent l'impôt dans une plus forte proportion que les gens riches.

Il y a dans ce *remplacement* une injustice évidente envers la classe la plus nombreuse de la population. Le commerce et les gens aisés ont fini par ressentir eux-mêmes les fâcheux effets de cette mesure, en ce sens que les contributions personnelle et mobiliaire croissant chaque année, forcent la ville de surcharger à chaque exercice un octroi déjà hors de toute proportion.

Prévoyant tous les dangers de ces remplacements, la loi se réserva (1) le droit d'en approuver le mode; mais le gouvernement se garda bien d'en référer au corps législatif. La substitution de l'octroi aux contributions personnelle et mobiliaire, n'est donc pas légalement établie. Aussi les conseils municipaux s'opposèrent presque partout à cet arrangement; leur résistance fut telle, que, deux ans après, le gouvernement retira cette faculté, en décidant qu'elle n'auroit plus lieu que dans les villes qui en avoient déjà reçu l'autorisation (2). Or, on sait avec quelle répugnance le ministère d'alors revenoit sur ses pas.

Attributions sur les patentes.

Quel que fût autrefois le produit net de cet impôt, le dixième laissé aux villes, quoique variant avec le principal, représentoit toujours une quantité positive; le trésor, moins exigeant alors, partageoit toutes les chances (3) avec la caisse municipale.

---

(1) Loi du 22 Avril 1806.

(2) Lettre écrite par le ministre des finances, au directeur général des droits réunis, le 15 Novembre 1808. On la trouve dans le recueil des lois et arrêtés du gouvernement sur les octrois, pag. 268.

(3) C'est ce qu'on nomme, en langage financier, *impôt de quotité*.

Mais dès qu'il eut émis la prétention d'une recette intégrale (1), pour atteindre ce but, on ajouta au principal quinze centimes au lieu de dix, en les affectant de préférence aux *remises des percepteurs*, aux *frais des rôles*, enfin aux *non-valeurs*: dès-lors, les villes, réduites à un excédant qui n'existoit jamais, perdirent définitivement cette attribution. Elle ne peut revivre, qu'autant que l'autorité municipale, remplissant rigoureusement les devoirs que la loi lui impose, vérifiera avec soin le rôle des patentables, et ne lui accordera son attache qu'après le plus mûr examen; si on prend ce parti, elle pourra retirer encore 20,000 fr. sur cet impôt.

§. III.

Poids public.

La rétribution de la ville sur cet article sera bien plus considérable, quand le commerce, secondant cette utile institution, voudra lui remettre le service ordinaire de ses entrepôts. Il n'est pas douteux que le *veltage* d'une immense quantité de liquides destinés à l'exportation, le pesage et le mesurage des substan-

---

(1) C'est l'*impôt de répartition*.

ces transportées ou reçues par tant de navires, n'augmentassent considérablement cette rétribution municipale. Le tarif de la ville est beaucoup plus modéré que le salaire exigé par les peseurs ordinaires: les négociants trouveroient donc une économie réelle à se rapprocher de cet établissement. Quels que soient les motifs qui les en tiennent encore éloignés, on détermineroit peut-être leur confiance, en donnant à la chambre de commerce la présentation des candidats aux places de peseurs municipaux.

Avec cette amélioration, si elle se réalise, le produit du poids public pourra s'élever jusqu'à 60,000 fr.

Octrois.

L'octroi de la ville de Bordeaux est évalué, pour 1816, à 1,321,000 fr., sur lesquels le gouvernement prélève 117,000 fr. C'est environ le dixième du montant intégral des droits d'entrée.

Le *tarif* est déjà très-élevé, et les objets qu'il atteint trop multipliés peut-être; non que je pense qu'il faille en retrancher plusieurs matières employées par le commerce dans les manipulations intérieures de ses magasins et la préparation de ses expéditions lointaines. Le commerce, trop généreux pour réclamer contre ces légères rétributions, sait aussi qu'on peut les justifier par la surveillance spéciale de l'autorité sur ses entrepôts, par la protection municipale qu'il partage avec le reste de la cité.

Mais j'engage les rédacteurs du tarif à vérifier si des besoins tyranniques n'ont pas forcé d'y comprendre quelques substances qui sont l'aliment du nécessiteux, ou servent à son humble industrie. L'affranchissement de ces articles sera l'aumône de la ville.

Successivement chargé du coût indéfini de tous les projets d'ostentation, l'octroi de la plupart des communes, appelé encore à couvrir nombre de *déficits*, est arrivé au terme qu'on ne peut plus dépasser sans injustice, j'ai presque dit sans concussion. Cette taxe locale, dernière ressource des villes, ne peut leur fournir quelques secours, qu'en la débarrassant de tous les prélévements étrangers, *sans aucune exception.* Au nombre de ces chirons qui vivent encore de sa substance, est la transaction relative aux contributions personnelle et mobiliaire. Le résiliement de cet accord surpris aux Bordelais, leur restituera sur leur octroi environ 300,000 fr.

Puissent ces réflexions prémunir encore leur extrême facilité, lorsqu'il s'agira de cet autre abonnement destiné à reléguer hors de leur enceinte l'*exercice* sur les boissons ! Les traités faits jusqu'ici avec la régie des contributions indirectes, n'ont fait que déplacer le mal sans l'adoucir. Lorsque l'impôt est reporté en entier sur l'octroi, l'excès des tarifs invite à la fraude, qui amène à son tour une grande diminution dans les produits ; et si pour ménager cette nourrice épuisée, on taxe directement les cabaretiers, l'administration municipale, forcée de rétablir pour son propre compte l'*exercice* qu'elle veut éviter, s'investit de tout ce qu'il a d'odieux : tel est le cercle fâcheux où la ville se renfermera elle-même par cet *abonnement.*

§. IV.

Monopole des boucheries.

Brûlé par le ciel ardent du midi, le sol rocailleux et penchant des provinces méridionales est d'une culture pénible et dispendieuse ; c'est là, plus qu'ailleurs, qu'on ne possède encore rien quand on n'a que le champ.

On conçoit donc pourquoi les taxes sur les consommations sont si multipliées dans les communes du sud de la France. Forcées de ménager une agriculture factice, elles cherchèrent des ressources dans les impôts indirects dont elles perfectionnèrent le régime. C'est là que la direction générale et les grandes villes trouveront encore les meilleurs modèles.

Le monopole des boucheries est une des plus anciennes contributions de ce genre. D'un usage immémorial en Italie, on l'adopta en Provence, à cause des moyens qu'il fournit pour la *police* de ce comestible devenu indispensable.

Et en effet, lorsque cette importante fourniture est confiée à un seul adjudicataire, il est beaucoup plus facile d'en assurer les approvisionnements et d'en surveiller la qualité.

On accorde ordinairement ce privilége, sous la *double condition* de verser dans la caisse municipale une redevance annuelle, et de vendre en détail à un taux au dessous de celui des ventes libres. Chacun sait ce que vaut un débit assuré et sans concurrence; le monopole des boucheries associe donc à ses profits, non-seulement la caisse municipale, mais encore le consommateur, dont la part directe est dans le bas prix de l'objet dont il a besoin.

La ville de Bordeaux, en adoptant ce mode,

acquerroit tout à coup le moyen de retirer du milieu de ses habitants, *sans dépense* et *comme condition du bail*, le spectacle dégoûtant des égorgeries et l'odeur nauséabonde de leurs débris toujours mal déblayés.

Colporteurs.

Quelques villes perçoivent un droit sur les colporteurs. On sait que cette industrie ambulatoire n'assujettit ceux qui l'exercent, ni à de forts loyers, ni à des *patentes* considérables; on peut donc les imposer une seconde fois pour le compte de la ville, sans *surcharge*, parce que leurs contributions envers l'état sont presque nulles; et sans *injustice*, puisque les rues le long desquelles ils crient leurs offres, font partie du domaine municipal. Cette taxe, de même nature que le *droit de plaçage*, pourroit, sans paroître excessive, s'élever à 10,000 fr.

Les colporteurs ne peuvent être connus de la police que par les déclarations toujours incomplètes et quelquefois frauduleuses de ceux qui leur louent l'hospitalité. Le registre de ces contributions aidera la surveillance d'un *regrat* qui favorise la contrebande, et, suspect sous plus d'un rapport, conduit les pauvres à ses hameçons, par l'appât irrésistible d'une meilleure condition dans le prix.

Faire d'un impôt une mesure d'ordre, c'est atteindre toute la perfection dont ce genre est susceptible.

Rétributions sur quelques parties du service public.

Presque toutes les villes lèvent des droits sur les permissions de *voirie*; celle de Bordeaux sollicite depuis long-temps un réglement dont le tarif, proportionné à l'importance des autorisations demandées, puisse couvrir les dépenses de cette partie de son administration : les *enseignes*, les étaux et toutes les saillies sur les rues, placés à demeure sur le domaine public, pourroient être assujettis à une redevance annuelle.

Les rétributions sur ces divers objets s'élèvent à environ 3,000 fr. Pour concevoir qu'on peut les quadrupler sans excès, il suffit de rappeler que Bordeaux renferme vingt-deux mille maisons qui changent fréquemment de maîtres et surtout de locataires : ces mutations déterminent presque toujours quelques changements extérieurs.

Tel est l'aperçu des moyens dont la réunion peut donner encore quelques revenus aux communes. Long-temps leur unique étude fut de cacher leurs ressources aux limiers d'un gouvernement avide; chaque nouvelle taxe eût trouvé son *décimateur*. Le long dénuement où les municipalités se condamnèrent pendant la deuxième des époques dont j'ai tracé le tableau, servoit du moins à dérober les contributions, aux *prélévements* de toute espèce qui caractérisent la troisième; et si pendant sa durée, et par la plus insigne des perfidies, les villes furent derechef dévorées, aujourd'hui qu'elles ont un père avare de leur substance, cet écrit, si j'en ai rempli le but, les replacera sans danger sur la route de leur restauration.

Mais les conseils municipaux doivent se répéter sans cesse, que la plupart de ceux qu'ils imposent, sont réduits au travail de leurs mains : l'or arraché à l'industrie du pauvre, et souvent même à ses besoins, arrive dans les caisses municipales encore mouillé de sa sueur.

Si la dissipation de notre propre fortune n'est qu'une folie, appliquée aux affaires d'autrui, elle devient *improbité*. L'économie est donc un devoir rigoureux pour tous ceux qui administrent les affaires publiques: fille de l'*ordre* et de la vigilance, elle apprend du premier à répartir utilement les dépenses; l'autre, en surveillant leur emploi, en rend les effets plus durables.

CHAPITRE V.

Réglement des dépenses. — Projet de budget.

L'ADMINISTRATEUR, en assurant les recettes, n'a encore rempli que la moitié de sa tâche; chargé de l'emploi des fonds, son principal devoir est de les défendre contre les atteintes de toute espèce. C'est ici qu'il lui faut du courage pour attaquer corps à corps toutes les usurpations, et revenir franchement des erreurs et des condescendances passées. Je sais combien, dans ces sortes de réformes, le magistrat rencontre d'obstacles et recueille de dégoûts; les murmures l'accompagnent, la calomnie le suit; enfin, l'indifférence l'oublie; mais il lui reste la conscience du bien qu'il a fait.

En s'associant à cette noble entreprise, l'écrivain qui se charge d'éclairer la route, doit s'attendre aux mêmes inconvénients; mais s'il rallie autour de lui les gens sages et tous ceux qui souffrent des maux qu'il signale, ses partisans seront assez nombreux.

Il ne m'est donc plus permis de revenir sur mes pas; et puisque les budgets sont le gîte de ce qui blesse encore l'intérêt des communes, je vais suivre l'ordre de ces protocoles, en indiquant, dans ma course rapide, tout ce qu'il me paroîtra convenable de réformer. Le budget de 1813 me servira d'exemple, parce qu'en portant sur des recettes assez considérables, il réunit presque toutes les inventions financières des temps impériaux; et lorsqu'à l'aide des recherches précédentes, je l'aurai épuré de ses vices et de ses fausses vues, un dernier paragraphe terminera ce chapitre et le livre lui-même, par l'application des principes qu'il renferme, à un projet de recettes et de dépenses, tel que je le crois convenable aux circonstances actuelles.

§. Ier.

Examen du budget de 1813.

Les frais d'administration ouvrent le chapitre 1er. Un décret du 17 Germinal an 11 les fixe uniformément pour toutes les villes, et à raison de cinquante centimes par habitant; cette proportion n'auroit donné à Bordeaux que 40,000 fr. au plus : il fallut donc, pour corriger les effets d'une fausse mesure, forcer numériquement la population de la ville, afin qu'elle pût obtenir au moins 60,000 fr., qui lui sont rigoureusement nécessaires pour les dépenses inévitables d'une grande administration occupée de tant de détails, et chargée de tant de surveillance.

Cet exemple local confirme donc ce que j'ai dit plus haut de ces *uniformités* qui n'existent pas plus dans l'ordre social que dans la nature. Il seroit plus sage de laisser aux conseils municipaux le soin de fixer avec décence une allocation qui, dans les mains des maires, peut devenir un moyen de bienfaisance.

L'article 3 de ce chapitre est un prélévement de dix pour cent sur le produit net de l'octroi. La chambre des députés a manifesté le désir et fait concevoir l'espérance que cette charge ne pèsera pas long-temps sur les communes.

Les articles 4, 7 et 9, sont trois autres prélévements, l'un sur le droit de pesage, l'autre sur les revenus ordinaires pour les compagnies de réserve; le troisième enfin, sur les propriétés communales pour l'entretien du culte. Sa Majesté a fait justice de ces trois prélévements, par ses ordonnances des 31 Mai 1814 et 28 Janvier 1815.

L'article 10 remplace les contributions personnelle et mobiliaire. J'ai donné au chapitre précédent les motifs qui doivent faire cesser cet abonnement; j'engage le lecteur à relire et méditer cet article important.

Enfin, l'article 12 est un cinquième prélévement, pour l'entretien de l'hôtel des invalides. Cet établissement est une charge de l'état, et par conséquent des contributions générales.

L'ensemble de ces réductions présente déjà une économie de 393,416 fr.

Le chapitre II du budget que je parcours, règle les dépenses des trois polices de sûreté, de salubrité et de petite voirie.

La suppression des commissariats généraux, en faisant disparoître les allocations des articles 1er. et 2, produit en faveur de la ville une économie de 17,500 fr.

Considérés relativement à la police locale, les commissariats généraux ne sont qu'un double emploi, s'ils remplissent concurremment leurs fonctions avec l'autorité municipale. Lorsqu'ils la partagent, ils deviennent une superfétation inutile.

On n'a pas oublié que les lieutenants généraux de police furent en 1815 les suppôts de la trahison; les cent jours de leur courte carrière ne sont pas un titre en leur faveur: les communes qui luttèrent alors pour le Roi contre leur influence, les verroient avec peine reparoître au milieu d'elles. Si des institutions analogues paroissoient nécessaires à la sûreté de l'état; émanées du pouvoir ministériel et faisant partie de l'administration générale, on ne peut charger la caisse municipale de leur établissement et de leur entretien. Les grandes villes espèrent surtout de la bonté du Roi, qu'elle leur conservera l'intégrité de leur police immédiate, sous la surveillance du préfet, leur supérieur naturel: le noble usage qu'elles ont fait de ce pouvoir, garantit suffisamment leur intention; tout partage avec une autorité étrangère et concurrente, trouveroit leur obéissance, mais affligeroit leur fidélité.

L'article 6 n'allouoit que 5,000 fr. pour entretenir le pavé de huit cents rues et trente-sept places publiques; il falloit donc laisser sur les maisons la presque totalité de cette charge, et convertir en impôt foncier une contribution, qui, dans les villes de commerce, est bien plus encore la dette du luxe et de l'industrie.

La loi venoit de décider expressément (1), que nonobstant tout usage contraire, ces sortes d'entretiens seroient à la charge des revenus municipaux; c'étoit le retour aux principes de la plus simple équité: mais constant dans le système de ne compter les lois pour rien, le gouvernement chercha à éluder cette disposition pour se laisser une plus grande latitude dans ses prélévements.

Le ministre de l'intérieur fut donc chargé de remettre en question ce qui venoit d'être récemment et expressément résolu; on lui fit demander, « si le pavé des rues devoit » rester à la charge des propriétaires des mai- » sons qui les bordent, lorsque l'usage l'avoit » ainsi établi; et si l'article 4 de la loi du 11 » Frimaire an 7 n'y apportoit pas d'obsta- » cles (2) ».

Le conseil d'état, moins tranchant dans sa réponse, n'autorisa cette rigoureuse exception que pour les villes où les revenus ordinai-

---

(1) 11 Frimaire an 7, art. 4.

(2) Avis du conseil d'état, du 3 Mars 1807.

res ne suffiroient pas à l'*entretien du pavé*; elle doit donc cesser dès que les communes auront recouvré des recettes suffisantes. C'est ainsi que par deux violations presque simultanées du même principe, on a laissé à Bordeaux, sur une classe particulière d'habitants, une obligation essentiellement commune à tous, tandis que par l'abonnement des contributions personnelle et mobiliaire, on généralise une contribution spéciale. La suppression de ce remplacement, en laissant des fonds disponibles pour le pavé, feroit cesser à la fois deux injustices.

Le chapitre III, consacré aux dépenses militaires, présente des allocations pour 88,162 fr.

L'article 5 est une somme de 12,000 fr. pour l'entretien des bâtiments et des établissements militaires; ces édifices furent cédés à la ville sous la condition de les réparer et les tenir à l'usage du gouvernement.

La ville eut ainsi les charges de la propriété, sans aucun de ses avantages. Aujourd'hui que la paix a fait cesser les passages extraordinaires de troupes et réduit les dépôts de recrutement, on peut réclamer la libre disposition de ces immeubles, pour les convertir en ressources.

L'occupation des lits militaires s'élevoit à 6,000 fr. ; le Roi a fait cesser cette concussion.

Le chapitre VI fixe le contingent de la ville aux frais de l'instruction publique. Cette dépense est de sa nature une charge municipale, comme l'éducation des enfants est une dette de la paternité; l'une et l'autre obligation se mesurent à la fortune de la famille. Les grandes cités doivent donc doter avec abondance tous les établissements de ce genre. Considérés simplement comme *consommateurs*, les élèves étrangers qu'ils attirent, remboursent bientôt avec usure les dépenses qu'ils occasionnent.

Mais comment justifier les 9,000 fr. que Bordeaux paie pour le lycée de *Pau?* La *communauté des charges* ne peut naître que de celle des devoirs ou des avantages.

Les secours accordés au culte (chap. VII) ne s'élevoient qu'à 14,700 fr. ; c'étoit à peine une aumône. La sainteté de l'objet, la dignité du sacerdoce et celle de la ville, exigent une allocation plus convenante.

J'aborde enfin les dépenses *extraordinaires* établies dans le chapitre vraiment digne de ce nom, par la hardiesse des prélévements qu'il renferme.

J'ai déjà dit que la ville fut taxée en 1812, *pour les soupes économiques*. Bordeaux, compris dans cet impôt d'ostentation pour la somme excessive de 338,662 fr., fournit ses engagements sur les budgets les plus prochains; mais si sa portion contributive fut hors de toute mesure, on ne peut en dire autant de son lot dans cette singulière aumône. L'usurpateur entrant en *partage* avec les pauvres, ne fit rendre aux villes qu'une mince portion de leur contingent; Bordeaux reçut à peine 80,000 fr.

On eut donc le premier exemple d'une *spéculation* sur la charité publique: le gouvernement, qui s'en étoit fait le caissier et le dispensateur, débuta dans ces fonctions par réclamer le montant du gage qu'il avoit exigé d'avance; *quant à ses devoirs de comptable*, ils n'ont jamais été remplis.

Le budget de 1813 fut donc grevé d'une somme de 138,662 fr., représentant le quart, plus l'intérêt des obligations qu'on avoit forcé l'administration municipale de déposer à la caisse d'amortissement. De semblables prélévements furent faits sur les villes comprises dans le *rôle charitable*; mais depuis que l'équité, toujours inséparable du Roi, est remontée sur le trône avec lui, l'abus de ces nantissements a cessé d'être à craindre; il est évident, et l'on reconnoîtra sans peine, que la ville ne peut rien devoir au delà de la somme qui lui a été réellement avancée.

Les fonds affectés en 1812 aux dépenses administratives, manquèrent tout à coup dans quatorze départements; les villes choisies pour être les répondants solidaires des imprévoyances et des fautes du gouvernement, furent encore appelées à couvrir les six millions de ce nouveau déficit. Le contingent de Bordeaux fut de 67,764 fr. Le recours à ces ressources, même à titre d'emprunt, suppose au moins un désordre qui ne peut plus reparoître de nos jours.

Le reste du chapitre renferme plusieurs allocations, parmi lesquelles on remarquera le rappel de quelques dépenses en retard, *faute de paiement*. Ces arrérages ne provenoient pas de l'insuffisance des recettes, mais bien de cette quantité d'injustes prélèvements: c'est à cette carie des budgets qu'il faut attribuer l'épuisement des finances municipales.

On n'est pas arrivé jusqu'ici sans s'apercevoir qu'en épurant le budget de 1813, de toutes les exactions d'un gouvernement dilapidateur, les revenus municipaux, après avoir suffi à toutes les charges locales, auroient encore donné les moyens d'éteindre une partie des dettes de la ville, et de payer, ne fût-ce qu'à titre de bienfait, ceux de ses créanciers dont la situation plus fâcheuse appeloit cette préférence.

Je crois avoir démontré pour la généralité des lecteurs, que moins foulé par le gouvernement, Bordeaux auroit pu, dans les dix années qui ont suivi le rétablissement de ses taxes, et sans trop les grossir, acquitter toutes ses dettes, et se réserver encore des sommes importantes pour commencer les améliorations qui lui manquent.

Il ne me reste donc qu'à m'entretenir avec les *financiers*, sous les formes qui leur sont familières, en indiquant dans leur style ce qu'il convient de faire pour obtenir promptement ces deux résultats.

C'est dans cette vue que j'ai joint plusieurs tableaux à l'appui de ce livre.

La première de ces pièces, en faisant connoître les recettes et les dépenses de la ville en 1790, prouvera qu'au commencement de nos troubles, et avec des revenus moindres que ceux d'aujourd'hui, l'administration, plus libérale envers ses employés, plus magnifique dans sa représentation, plus puissante au dedans et plus considérée au dehors, avoit encore un excédant de 161,000 fr.

Les tableaux 2, 3 et 4, franchissant les deux périodes de *dépouillement* et de *misère*, présentent la situation des finances de la ville durant l'usurpation. Les yeux exercés à ces sortes de rapprochements, y verront que durant cette série d'années, et malgré les concussions qui la caractérisent, l'administration municipale, en se réduisant dans son intérieur aux dépenses les plus indispensables, a acquitté une partie de ses dettes, sans en contracter de nouvelles; d'où il est impossible de ne pas conclure que sans le faix écrasant de ces énormes surcharges, elle auroit pu, sans augmenter les taxes, acquitter toutes ses dettes et pourvoir plus efficacement à la propreté et à la salubrité de la ville.

Enfin, le rôle des dépenses de 1813, imprimé avec tous ses détails, achèvera la démonstration de cette vérité si importante pour la cité toute entière: la première colonne présente le budget tel qu'il fut prescrit par le gouvernement, c'est-à-dire, avec l'intégralité des *prélèvements* et des *abonnements* non moins onéreux; la deuxième colonne, l'épurant de toutes les charges injustement imposées sur les revenus municipaux, prouvera par une *simple soustraction*, que quoique la recette de 1813 soit la plus foible de toutes celles qui l'ont précédée ou suivie pendant les dix années données en exemple, la ville auroit pu faire une épargne de 267,734 fr.

§. II.

Projet de budget d'après les principes de ce livre.

Premier élément dans l'ordre aggrégatif des familles, le gouvernement intérieur des grandes villes comme des petites communes, doit se rapprocher de l'économie domestique.

La sollicitude municipale se divise donc en deux espèces de soins qu'il est essentiel de distinguer. Satisfaire d'abord à ce qui est *nécessaire*, et n'appliquer l'excédant des revenus qu'à un *luxe utile*, tel est le devoir de toutes les administrations paternelles.

La ville de Bordeaux, après avoir acquitté avec exactitude le salaire de ceux qui ont fait l'avance de leurs travaux ou des produits de leur industrie, doit, sans hésiter: 1°. réformer avec courage l'abus qui fait peser sur tous l'impôt somptuaire de quelques-uns, et, à l'aide de cette reprise sur les taxes municipales, réparer l'injustice inverse et non moins criante qui maintient sur une classe particulière de propriétés, la charge essentiellement commune du pavage des rues et des places publiques.

2°. Accumuler des *fonds d'indemnité* pour la prompte exécution des alignements et des redressements devenus d'autant plus indispensables, que commencés presque partout sur des plans sans harmonie, ils donnent à cette grande cité l'aspect d'une ville ébauchée. Cette incohérence qui frappe les étrangers, fait sentir la nécessité d'écarter sans retard toutes les vues fausses ou étroites qui pourroient lutter encore contre un plan général d'où dépendent la salubrité et la commodité de la ville.

3°. Augmenter le nombre de ses fontaines, en se rappelant que le luxe de ces établissements consiste moins en des décorations extérieures que dans l'abondance et la pureté de leurs eaux. Les lourds transports qui roulent ce fluide devant les maisons, détruisent plus de pavé dans un jour, que les autres voitures dans le reste de l'année : l'achat des eaux est, pour une portion de la ville, un impôt de plus de 150,000 fr.

4°. Continuer au profit des hôpitaux le rachat des actions sur le Mont-de-Piété, afin que les bénéfices pris sur le pauvre valide, ne soient qu'une *retenue* pour le soulager dans ses infirmités.

5°. Rendre à la religion de Saint-Louis ce qui manque encore de décence à ses temples, et d'honorable aisance à ses ministres.

6°. Pourvoir enfin, par des soins journaliers, à la *propreté* des rues et des autres lieux publics, pour faire pardonner jusqu'à de meilleurs temps, ce qu'ils ont d'incommode et de difforme.

Tels sont, je pense, les premiers devoirs de tous les corps municipaux, les soins indispensables dont la pauvreté même n'exempte pas. C'est alors que les taxes les plus fortes deviennent légitimes ; les sacrifices de ce genre ne doivent avoir de limite que dans l'impuissance de les faire.

Mais il n'en est pas de même des dépenses d'agrément et de décoration. Cette seconde espèce convient exclusivement aux administrations opulentes, et dans le cas seulement où, après une sage et commode ordonnance de l'intérieur, il leur reste quelques réserves. C'est alors seulement qu'elles peuvent penser à la magnificence : les ornements, les décorations de luxe, sont les broderies des villes ; on ne doit pas les appliquer sur des haillons.

Prostitué à tous les succès désastreux, le luxe des *fêtes* révolutionnaires ne convient plus aux *joies* pures et légitimes ; une hilarité simple et sans apprêts sied mieux à notre situation présente. Quant aux statues et aux colonnes élevées par la flatterie, elles déshonorent le sol qui les supporte : on ne les doit qu'aux bienfaits remarquables et aux événements qui ont sauvé la patrie ; la reconnoissance assure alors la durée de ces monuments, parce qu'elle en devient la gardienne ou la restauratrice éternelle : les statues de Néron n'ont jamais été relevées, et le bon *Henri* reparoît aux rives de la Seine, pour y reprendre son empire.

Tel est, si je ne me trompe, l'esprit qui doit guider les administrations municipales dans la composition et l'emploi de leurs revenus ; elles ne doivent ni dépenser sans fruit, ni entasser sans but et sans intention ultérieure : thésauriser c'est s'appauvrir, lorsque les réparations les plus urgentes sont négligées. Ces vérités pourront passer pour triviales; mais on conviendra du moins que leur usage a cessé de l'être, surtout dans les affaires publiques. Nos pères formoient et conservoient avec soin un fonds de prévoyance pour les besoins à venir; c'étoit la source et l'entretien de leur crédit, une véritable *réserve*, toujours prête contre les maux accidentels. Nous remplaçons aujourd'hui cette précaution par une allocation sous le titre de *dépenses imprévues*; mais ce qu'on n'a pas vu et qui étoit cependant facile à prévoir, c'est que ces fonds, presque toujours consommés d'avance, loin d'allégir les taxes, ne font qu'ajouter à leur fardeau annuel.

Il est moins difficile de donner des conseils, que de les faire écouter, surtout lorsqu'il est question de réformes qui, contrariant toujours quelques habitudes et blessant au moins quelques préjugés, font soupçonner de morosité et d'exagération les écrits les plus sages.

Voulant donc convaincre et non pas entraîner mes lecteurs, j'ai prouvé, dès le début, que les libertés municipales, bienfait de la troisième race de nos rois, ont une origine monarchique.

Poursuivant dans mon examen chronologique les lois qui attaquèrent cette antique constitution, j'ai inventorié leurs vices, en faisant remarquer que le pillage fut le *profit* de leurs auteurs; mais que leur but principal, en détruisant les libertés municipales, étoit de saper le gouvernement par sa base; en même temps qu'ils en attaquoient le chef. Indiquant ensuite, pour chaque temps, les blessures faites à chaque chose, j'ai montré comment la ruine des communes, commencée par l'anarchie, fut achevée par le despotisme; et déliant enfin le faisceau de ces lois, j'ai séparé et marqué celles qu'il faut briser encore, pour rétablir la fortune générale de l'état par celle des communes.

Les exactions cessent tôt ou tard, à cause même de leur odieuse violence; mais une administration foible ou imprévoyante finit par conduire à une dissolution sans remède. Fort du courage et de la sagesse des hommes qui régissent aujourd'hui les municipalités de France, j'ai abordé franchement tous les détails de leur régime financier, en appliquant ce que mon expérience personnelle me rappelle encore de nos anciennes administrations, aux travaux desquelles je ne fus pas étranger; et pour achever de convaincre les yeux, j'ai mis en action les principes de ce livre. Le *projet de budget* qui le termine, en remplissant ce but utile, sera le tribut particulier de ma reconnoissance envers la ville que j'habite. C'est en souffrant avec elle, que j'ai acquis le droit de lui parler de ses maux, et celui plus consolant de l'aider à les guérir.

Monument éternel des exactions levées sur les communes, le budget de 1813 va servir encore de terme de comparaison; on verra donc à chaque article de recette, ce que le retour de la paix et de l'abondance fait gagner aux communes: le projet de dépenses, en les distribuant avec plus d'ordre, les règle d'après l'importance des choses qui en sont l'objet.

Je place le paiement des dettes au premier rang; cette allocation fut trop long-temps subordonnée aux autres dépenses, la préférence doit lui être rendue aujourd'hui; c'est le *prélèvement de l'honneur*.

J'ai fait disparoître aussi l'abonnement des contributions personnelle et mobiliaire: le résultat de ce retour à la justice, augmentera les recettes de Bordeaux de 14,633 fr., et diminuera ses dépenses de plus de 300,000 fr. Lorsqu'un si grand bénéfice est commandé par l'équité, peut-on hésiter à le recueillir?

Le montant total des recettes est porté à 1,728,039 fr. ; c'est celui que la ville peut facilement obtenir. En prenant les mesures indiquées dans le cours de cet ouvrage, elle sera dispensée d'augmenter le tarif de son octroi.

Ainsi dégagée des prélévements et des abonnements qui la surchargent encore, et soulagée de quelques allocations excessives que l'ordre et la sagesse commandent de réduire, la ville pourra pourvoir plus abondamment à tout ce qui influe sur la salubrité et la commodité publiques. 60,000 fr. sont alloués pour l'indemnité des alignements et des redressements; une pareille somme employée d'après une meilleure méthode, rétablira bientôt les pavés dans l'état où ils doivent être : la décision du conseil d'état relative à cette charge, n'ayant plus de prétexte, les maisons de Bordeaux cesseront de supporter une exception évidemment contraire aux principes les plus triviaux; et l'administration municipale, après avoir satisfait à tout ce qui convient aux grandes villes du royaume, aura encore un fonds de réserve pour l'extinction de ses dettes, honorable moyen de fortune, qui appelle à la fois la reconnoissance des contribuables et celle des créanciers.

Le problème à résoudre en *finance municipale*, est de maintenir et d'accroître successivement les revenus communs, en ménageant en même temps les contribuables ; or, je crois avoir prouvé qu'avec de l'ordre et de la sagesse, on peut facilement concilier des intérêts qui, loin de rester opposés, finissent par s'aider et se confondre sous une administration éclairée.

La balance résultante du projet proposé, est de 440,734 fr. en faveur de la *recette*, qui n'est cependant grossie par aucune augmentation de taxes ; l'amélioration ne provient pas même d'une sordide épargne sur les dépenses indispensables, mais de leur distribution réglée par les convenances, et dirigée surtout par l'amour et le soin du peuple, que l'intention du monarque est de rendre heureux et florissant.

Après vingt-six ans de troubles et de fracas en Europe, vient enfin le tour des actions réparatrices et de la *gloire administrative*. Pour en recueillir leur part, les maires n'auront besoin désormais que de veiller sur les finances de leurs villes ; c'est le *gouvernail* que la main du pilote ne doit jamais abandonner.

Telles sont, dans toute leur simplicité, les

vues fondamentales de ce livre : on y verra, du moins, que loin de ressembler aux déclamations dont on inonde la France, il tend uniquement à remettre en pratique l'antique bon sens et la raison consommée de nos ancêtres (1), traditions précieuses qui, sortant du cabinet des sages, où elles s'étoient réfugiées pendant la révolution, ont reparu en France avec nos légitimes maîtres.

---

(1) Les formes administratives sont généralement trop compliquées ; *une administration noble et grande se distingue par une correspondance simple et briève.* Les finances alloient surtout fort bien avec la méthode facile et claire qui distingua les ministères des Sully et des Colbert. L'art des bureaux consiste aujourd'hui à ranger en *colonnes* une armée de chiffres, de questions et de réponses ; le désordre actuel de nos affaires, prouve que cette tactique n'est pas la meilleure.

BUDGET
DE LA VILLE DE BORDEAUX,
EN 1813,

ÉPURÉ des prélèvements et des abonnements signalés dans ce livre.

NUMÉROS.	NATURE DES DÉPENSES.	DÉPENSES ALLOUÉES en 1813.	DÉPENSES DÉGAGÉES des prélèvements.
	CHAPITRE PREMIER. *Frais d'administration, loyers, contributions et prélèvements divers.*		
1.	Frais d'administration, fixés à 50 cent. par habitant	60,000f	60,000f
2.	Contribution des biens communaux	7,000	7,000
3.	Dix pour cent du produit net de l'octroi.	93,905	//
4.	— du droit de pesage	4,000	//
5.	Entretien de la maison commune	3,000	3,000
6.	Horloges	800	800
7.	Cinq pour cent des revenus ordinaires pour la compagnie de réserve	67,763	//
8.	Traitement du receveur municipal	13,500	13,500
9.	Dixième des propriétés communales pour le culte	8,202	//
10.	Contribution mobiliaire de la ville de Bordeaux	299,723	//
11.	Entretien du Grand-Théâtre	12,000	12,000
12.	Centième pour l'hôtel des invalides	13,728	//
13.	Rentes liquidées par suite de la concession du Château-Trompette	9,165	9,165
	Transporté en l'autre part	592,786f	105,465f

NUMÉROS.	NATURE DES DÉPENSES.	DÉPENSES ALLOUÉES en 1813.	DÉPENSES DÉGAGÉES des prélèvements.
	Report................	592,786f	105,465f
	CHAPITRE II.		
	Dépenses de police, salubrité, grande et petite voirie.		
1.	Commissariat général de police..........	12,500	"
2.	Loyer de l'hôtel du commissariat........	5,000	"
3.	Traitement des dix commissaires de police....................................	24,000	24,000
4.	— des agents de police, appariteurs et employés de la police..................	15,000	15,000
5.	— de l'architecte, ingénieur voyer, piqueurs, inspecteurs et employés des travaux publics..........................	5,700	5,700
6.	Pavés..	5,000	5,000
7.	Réverbères................................	99,000	99,000
8.	Pompes à incendie..........................	9,000	9,000
9.	Enlèvement des boues et bourriers......	19,000	19,000
10.	Dépenses secrètes de la police..........	9,000	9,000
11.	Maison d'arrêt de la ville..................	4,000	4,000
12.	Manouvriers et frais de voirie............	1,400	1,400
13.	Artiste vétérinaire..........................	600	600
14.	Trompettes de la ville et sonneurs de clochettes..................................	1,200	1,200
15.	Gardes champêtres........................	600	600
16.	Loyer du local occupé par le tribunal de police...	500	500
17.	— du dépôt des secours pour les noyés.	200	200
	Transporté ci-contre..	804,486f	299,665f

NUMÉROS.	NATURE DES DÉPENSES.	DÉPENSES ALLOUÉES en 1813.	DÉGAGÉES des prélèvements.
	Report	804,486f	299,665f
	CHAPITRE III. *Dépenses de la garde municipale, des portiers de ville, corps de garde.*		
1.	Solde et habillement de la garde municipale	58,962	58,962
2.	Entretien et loyer des corps de garde	2,400	2,400
3.	Bois et lumière	8,000	8,000
4.	Gages des portiers	800	800
5.	Entretien annuel des bâtiments et établissements militaires	12,000	12,000
6.	Frais d'occupation des lits militaires	6,000	'
	CHAPITRE IV. *Travaux publics.*		
1.	Entretien des halles et marchés	1,500	1,500
2.	Clôture des emplacements appartenants à la ville	1,000	1,000
3.	Entretien des promenades	7,000	7,000
4.	— des aquéducs, ponts, fontaines et machines hydrauliques	12,300	12,300
5.	Curement des rivières pour la partie qui regarde la ville	6,000	6,000
6.	Entretien du brigantin et gages du gardien	1,050	1,050
7.	Entretien des propriétés communales	3,000	3,000
8.	Chemins vicinaux	6,000	6,000
	Transporté en l'autre part	930,498f	419,677f

NUMÉROS.	NATURE DES DÉPENSES.	DÉPENSES ALLOUÉES en 1813.	DÉPENSES DÉGAGÉES des prélèvements.
	Report..................	930,498f	419,677f
	CHAPITRE V. *Secours publics.*		
1.	Fonds accordés sur l'octroi, aux hospices....................................	350,000	350,000
2.	Bureaux de charité........................	50,000	50,000
3.	Dépôt de mendicité........................	30,000	"
4.	Aumônes nécessitées dans diverses circonstances................................	3,000	3,000
5.	Secours accordés aux sœurs de la charité..	1,200	1,200
6.	Redevance annuelle du bail du Grand-Théâtre..................................	28,000	28,000
7.	Pensions viagères..........................	5,475	5,475
	CHAPITRE VI. *Instruction publique.*		
1.	Prix aux élèves du lycée, entretien et réparations..............................	4,400	4,400
2.	Bourses créées dans les lycées de Bordeaux et de Pau........................	27,175	19,000
3.	Établissements scientifiques de la ville.	19,100	19,100
4.	Indemnité au directeur de l'école royale d'équitation..............................	1,800	1,800
5.	— au bureau central de charité, pour l'entretien de l'école gratuite des petites filles..................................	4,800	4,800
6.	Instituteurs des écoles primaires........	8,650	8,650
	Transporté ci-contre..	1,464,073f	915,102f

NUMÉROS.	NATURE DES DÉPENSES.	DÉPENSES ALLOUÉES en 1813.	DÉPENSES DÉGAGÉES des prélévements.
	Report................	1,464,073f	915,102f
	CHAPITRE VII. *Cultes.*		
1.	Logement des curés..........................	8,600	8,600
2.	Indemnité aux vicaires.....................	2,500	2,500
3.	Ministres du culte réformé................	3,600	3,600
	CHAPITRE VIII. *Fêtes publiques et dépenses imprévues.*		
1.	Fêtes publiques..............................	7,000	7,000
2.	Dépenses imprévues à la disposition de M. le Préfet................................	18,000	18,000
3.	— à la disposition personnelle de M. le Maire..	12,000	12,000
	CHAPITRE IX. *Dépenses extraordinaires.*		
1.	Remboursement du premier quart de l'emprunt pour les soupes économiques, avec l'intérêt....................	138,662	26,000
2.	*Fonds commun* pour les dépenses départementales de 1812................	67,764	〃
3.	Centimes additionnels à la contribution mobiliaire..................................	2,935	〃
	Transporté en l'autre part...	1,725,132f	992,802f

NUMÉROS.	NATURE DES DÉPENSES.	DÉPENSES ALLOUÉES en 1813.	DÉPENSES DÉGAGÉES des prélévements.
	Report....................	1,725,132f	992,802f
4.	Intérêt de la dette de la ville..........	17,582	17,582
5.	Dixième de la dette.......................	"	62,795
6.	Autres dépenses à la charge de la ville, rappels des dépenses faites pendant l'exercice précédent, et non payées, dépenses qu'il seroit trop long de détailler	99,086	99,086
	TOTAUX..........	1,841,800f	1,172,265f

RÉSULTAT.

Dépenses réglées par le gouvernement............	1,841,800f
Dépenses exclusivement municipales.............	1,172,265
DIFFÉRENCE en faveur de la ville.........	669,535f
Recettes effectives (tableau n°. 2)...................	1,440,005f
Dépenses municipales................................	1,172,265
DIFFÉRENCE en faveur de la ville........	267,740f

PROJET
DE RECETTES ET DE DÉPENSES
POUR LA VILLE DE BORDEAUX,

D'après les principes développés dans cet ouvrage.

RECETTES.

NATURE DES RECETTES.	RECETTES	
	EN 1813.	EN PROJET.
Recettes extraordinaires	26,485f	//
Centimes additionnels à la contribution foncière	37,160	23,679f
— à la contribution personnelle et mobiliaire	//	14,663
Attribution accordée à la ville sur le produit des patentes	//	25,000
Droit provenant du poids public	14,501	50,000
— d'octroi, déduction faite des frais	1,042,503	1,221,000
Indemnité des entrepositaires et transitants.	60,386	100,000
Location des places aux foires et marchés.	171,868	188,968
Expédition des actes administratifs et de l'état civil	1,071	1,000
Voirie municipale	//	3,000
Rentes en inscriptions au grand livre	//	968
Location du Grand-Théâtre	37,687	50,000
— éventuelles, promenades, etc	20,780	13,761
Terrein du Château-Trompette	25,963	26,000
Recettes imprévues	1,601	10,000
TOTAL	1,440,005f	1,728,039f

DÉPENSES.

NATURE DES DÉPENSES.	DÉPENSES	
	ALLOUÉES en 1813.	EN PROJET.
CHAPITRE PREMIER. *Frais d'administration, loyers, contributions et prélévements divers.*		
Frais d'administration	60,000f	60,000f
Contribution des biens communaux	7,000	8,000
Dix pour cent du produit net de l'octroi (1)	93,905	″
— du droit de pesage (2)	4,000	″
Entretien de la maison commune	5,000	4,000
Horloges	800	800
Cinq pour cent des revenus ordinaires pour la compagnie de réserve (3)	67,763	″
Traitement du receveur municipal	13,500	14,000
Dixième des propriétés communales pour le culte (4)	8,202	″
Contribution mobiliaire de la ville de Bordeaux (5)	299,723	″
Entretien du Grand-Théâtre	12,000	12,000
Centième pour l'hôtel des invalides (6)	13,728	″
Rentes liquidées par suite de la concession du Château-Trompette	9,165	9,165
Transporté ci-contre	592,786f	107,965f

(1) L'état continue de percevoir ce dixième, mais comme un secours maintenu pour 1816 seulement. La bonté du Roi ne permettra pas qu'on prolonge la durée de ce *prélèvement.*

(2) Supprimé par le Roi. (Voyez son ordonnance du 28 Janvier 1815).

(3) Supprimé par l'ordonnance royale du 31 Mai 1814.

(4) Supprimé par celle du 28 Janvier 1815.

(5) Ce remplacement est à la fois injuste et illégal. (Voy. pag. 65 et 95 de ce livre). Le gouvernement impérial lui-même n'osoit plus soutenir ce système.

(6) Il y a à présumer que les communes seront affranchies de cette charge l'année prochaine.

NATURE DES DÉPENSES.	DÉPENSES ALLOUÉES en 1813.	DÉPENSES EN PROJET.
Report................	592,786f	107,965f
Cinquième de la dette des hospices, à la charge de la ville (1)......................	"	65,745
Dixième de la dette de la ville.............	"	62,795
Intérêt....................................	17,582	15,000
CHAPITRE II.		
Dépenses de police, salubrité, grande et petite voirie.		
Commissariat général de police (2)..........	12,500	"
Loyer de l'hôtel du commissariat (3)........	5,000	"
Traitement des dix commissaires de police.	24,000	24,000
Frais de leurs bureaux......................	»	8,000
Traitement des agents de police, appariteurs et employés de la police............	15,000	19,000
— de l'architecte, ingénieur voyer, piqueurs, inspecteurs et employés des travaux publics..............................	5,700	5,700
Pavés (4)...................................	5,000	60,000
Réverbères..................................	99,000	104,000
Pompes à incendie...........................	9,000	10,000
Enlèvement des boues et bourriers..........	19,000	19,000
Transporté en l'autre part...	804,568f	501,205f

(1) Les créances des hospices n'étoient point encore liquidées en 1813. Ces articles et les deux suivants sont portés dans ce chapitre, comme objets *privilégiés*.

(2) Les commissaires généraux n'existent plus à Bordeaux, depuis le 12 Mars 1814; leur traitement et les autres frais de ce genre, sont d'ailleurs une charge de l'état. (Voy. pag. 39 et 81 du livre).

(3) Voyez la note précédente.

(4) Ce surplus d'allocation servira à exempter les *maisons*, de la charge injuste qui pèse encore aujourd'hui sur elles.

NATURE DES DÉPENSES.	DÉPENSES ALLOUÉES en 1813.	DÉPENSES EN PROJET.
Report..................	804,568f	501,205f
Dépenses secrètes de la police...............	9,000	9,000
Maison d'arrêt de la ville.......................	4,000	4,000
Manouvriers et frais de voirie................	1,400	2,000
Artiste vétérinaire................................	600	600
Trompettes de la ville et sonneurs de clochettes..	1,200	1,200
Gardes champêtres.............................	600	600
Loyer du local occupé par le tribunal de police (1)..	500	"
— du dépôt des secours pour les noyés.....	200	500
CHAPITRE III.		
Dépenses de la garde municipale, des portiers de ville, corps de garde.		
Solde et habillement de la garde municipale..	58,962	59,000
Entretien et loyer des corps de garde.......	2,400	2,000
Bois et lumière..................................	8,000	8,000
Gages des portiers............................	800	800
Entretien annuel des bâtiments et établissements militaires..............................	12,000	6,000
Concierges de ces bâtiments...................	»	800
Frais d'occupation des lits militaires........	6,000	"
Transporté ci-contre..	910,230f	595,705f

(1) Le tribunal de police peut être facilement logé dans le vaste hôtel où siége l'administration municipale.

NATURE DES DÉPENSES.	DÉPENSES	
	ALLOUÉES en 1813.	EN PROJET.
Report..................	910,230f	595,705f
CHAPITRE IV. *Travaux publics.*		
Entretien des halles et marchés.............	1,500	2,400
Clôture des emplacements appartenants à la ville..	1,000	1,000
Entretien des promenades.....................	7,000	7,000
— des aquéducs, ponts, fontaines et machines hydrauliques........................	12,300	14,900
Curement des rivières pour la partie qui regarde la ville................................	6,000	6,000
Entretien du brigantin et gages du gardien.	1,050	1,050
Entretien des propriétés communales.......	3,000	3,000
Chemins vicinaux..................................	6,000	6,000
Indemnités pour les alignements et redressements..	"	60,000
CHAPITRE V. *Secours publics.*		
Fonds accordés sur l'octroi, aux hospices..	350,000	350,000
Bureaux de charité................................	50,000	50,000
Dépôt de mendicité (1).........................	30,000	"
Aumônes à la disposition du Maire.........	3,000	4,000
Secours accordés aux sœurs de la charité..	1,200	3,000
Redevance annuelle du bail du Grand-Théâtre envers les hospices...................	28,000	28,000
Transporté en l'autre part....	1,410,280f	1,132,055f

(1) Cet article est réformé, non pour dispenser la ville de fournir son contingent à l'*hospice de mendicité*, mais parce qu'il doit être annuellement compris au rôle des dépenses variables du département. (Voy. pag. 54 de cet ouvrage).

NATURE DES DÉPENSES.	DÉPENSES	
	ALLOUÉES en 1813.	EN PROJET.
Report..........................	1,410,280f	1,132,055f
Fonds de retraite pour les anciens employés..	5,475	8,000
CHAPITRE VI.		
Instruction publique.		
Prix aux élèves du lycée, entretien et réparations..	4,400	4,400
Bourses créées dans le lycée de Bordeaux..	27,150	19,000
Établissements scientifiques de la ville.....	19,100	20,000
Indemnité au directeur de l'école royale d'équitation..	1,800	1,800
— au bureau central de charité, pour l'entretien de l'école gratuite des petites filles..	4,800	4,800
Instituteurs des écoles primaires............	8,650	8,650
CHAPITRE VII.		
Cultes.		
Logement des curés..........................	8,600	8,600
Supplément de traitement à MM. les Curés.	"	6,000
— à MM. les Desservants..................	"	9,000
— à MM. les Vicaires..........................	2,500	15,000
Ministres du culte réformé..................	3,600	5,000
Transporté ci-contre....	1,496,555f	1,242,305f

NATURE DES DÉPENSES.	DÉPENSES ALLOUÉES en 1813.	DÉPENSES EN PROJET.
Report.................	1,496,355f	1,242,305f
CHAPITRE VIII. *Fêtes publiques et dépenses imprévues.*		
Fêtes publiques................................	7,000	7,000
Dépenses imprévues à la disposition de M. le Préfet (1)........................	18,000	"
— à la disposition personnelle de M. le Maire..	12,000	12,000
CHAPITRE IX. *Dépenses extraordinaires.*		
Remboursement du premier quart de l'emprunt pour les soupes économiques, avec l'intérêt (2)............................	138,662	26,000
Fonds commun pour les dépenses départementales de 1812 (3).....................	67,764	"
Centimes additionnels à la contribution mobiliaire..	2,933	"
Transporté en l'autre part....	1,742,714f	1,287,305f

(1) Une allocation pour des dépenses *imprévues* devient superflue; le maire peut parer à toutes les circonstances éventuelles, au moyen du *fonds de réserve* obtenu chaque année, sauf l'approbation de M. le Préfet.

(2) Cette allocation est réduite au quart, plus l'intérêt de la somme réelle reçue par la ville.

(3) Ce prélévement (pag. 23), ne fût qu'accidentel; les motifs qui le déterminèrent ne peuvent plus reparoître.

NATURE DES DÉPENSES.	DÉPENSES ALLOUÉES en 1813.	DÉPENSES EN PROJET.
Report........................	1,742,714f	1,287,305f
Autres dépenses à la charge de la ville, rappels des dépenses faites pendant l'exercice précédent, et non payées, dépenses qu'il seroit trop long de détailler (1)................................	99,086	//
Totaux..........	000,000f	1,287,305f

(1) Les maires ayant sans cesse sous leur main des fonds en réserve, les *arriérés* et les *rappels* ne seroient plus excusables.

RÉSULTAT.

Recettes...	1,728,039f
Dépenses...	1,287,305
Fonds de réserve..........................	440,734f

On reverra donc pour la première fois, depuis 1789, un résultat de cette importance se concilier avec la diminution graduelle des contributions; et les gens d'affaire, si je ne me trompe, resteront convaincus qu'il ne faut, pour obtenir ces heureux effets, que replacer chaque charge sur ceux qui doivent la supporter, et qu'ici l'économie naît de l'équité.

La plupart de ces réformes n'excèdent pas le pouvoir des administrations locales; s'il en est quelqu'une qu'on ne puisse faire qu'en changeant la législation, les communes trouveront accès auprès d'un Roi qui veut bien écouter comme un hommage à sa bonté infinie, les prières du peuple, si long-temps repoussées par ses tyrans, comme une importunité.

FIN.

TABLE
DES MATIÈRES.

FIN DE LA TABLE.

(ÉTAT N°. 4).

BALANCE GÉNÉRALE

Des Comptes en Recettes et Dépenses de la ville de Bordeaux, depuis l'année 1806 jusqu'au 1.er Janvier 1816.

EXERCICES.	RECETTES.	DÉPENSES.	EXCÉDANT PAR EXERCICE, des RECETTES SUR LES DÉPENSES.	EXCÉDANT PAR EXERCICE, des DÉPENSES SUR LES RECETTES.
1805. 1806.	1,636,660f	1,593,444f	43,216f	" f
1807.	1,616,905	1,579,697	57,208	"
1808.	1,582,521	1,574,791	7,730	"
1809.	1,731,875	1,797,785	"	65,910
1810.	1,806,803	1,683,235	123,568	"
1811.	1,659,447	1,651,980	7,467	"
1812.	1,511,552	1,500,850	10,702	"
1813.	1,440,005	1,439,743	262	"
1814.	2,045,090	1,835,569	209,521	"
1815.	1,907,743	1,913,860	"	6,117
TOTAUX..	16,938,601f	16,570,954f	439,674f	72,027f

RÉSULTAT GÉNÉRAL.

La recette totale est de 16,938,601f

L'excédant des recettes sur les dépenses, de 439,674f

L'excédant des dépenses sur les recettes, de 72,027

Excédant des recettes sur les dépenses .... 367,647f, ci..... 367,647

Mais comme cette somme se trouve comprise dans les 567,546f formant les recettes extraordinaires portées au 1er. article du tableau n°. 2, elle doit être déduite de la recette totale.

Recette effective 16,570,954f

Dépense effective 16,570,954

BALANCE .... "

www.ingramcontent.com/pod-product-compliance
Ingram Content Group UK Ltd.
Pitfield, Milton Keynes, MK11 3LW, UK
UKHW020156200726
13856UKWH00003B/1031